Pakistan

# パキスタンの山旅を愉しむ

柳谷杞一郎

フンザ&
ナンガパルバット&
カラコルムハイウェイ

雷鳥社
RAICHOSHA

カラコルム山脈を含む
パキスタンの北部山岳地域には、
8000メートル峰世界14座のうちの5座、
7000メートル峰120座のうちの
ほぼ半数が存在する。
地球上、高山比率がもっとも高いエリアである。

Day3　朝日に輝くラカポシ

Day3　ラカポシ。カリマバード郊外の氷河をのぞむ展望台から

Pakistan
パキスタンの
山旅を
愉しむ

「世界最後の桃源郷」「不老長寿の里」フンザは、
ラカポシ、ウルタル、ディランと
三つの名峰に囲まれている。
秘境の旅好きなら一度は訪れてみたい地である。
その期待が裏切られることはない。

Pakistan
# パキスタンの山旅を愉しむ

夕焼けに染まり、
黄金色に輝くスパンティーク。
この山の北西面は
クリーム色の大理石に支配されていて
別名はゴールデンピーク。
7000メートル峰の中では
比較的登りやすい山として知られる。

Day4　早朝、ドゥイケルの丘から、ウルタル、
レディフィンガー、フンザピークをのぞむ

Day5　パスー湖畔をトレッキング。

パキスタン北部山岳地域の最深部まで進むと上部フンザ、ゴジャール地方の絶景地と出会える。カテドラル（カソリック教会の大聖堂）と呼ばれる針峰群だ。

氷河がつくりあげた一つの芸術作品である。

ラカポシへの登山道、尾根を越え向こう側を覗き込むと、
思わず「ああっ！」と感嘆の声があがった。
ミナピン氷河の向こうに白く輝くディランとラカポシ。
「生きていてよかった！」「ここまで来てよかった！」

Day6　ミナピン氷河の向こうにディラン、ラカポシの白い山並み

Day7　ミナピン氷河の上に佇むガイドのイッサさん

MILLET

Pakistan
# パキスタンの山旅を愉しむ

冷たい小雨の降り続く中、「妖精の放牧地」と呼ばれる
フェアリーメドウに到着。
堂々とした山容のナンガパルバットを
真正面にのぞむほのぼのとした絶景のリゾート地である。

Day10　フェアリーメドウの水たまりに映る逆さナンガパルバット

Day11　ラマレイクビューホテル▶

Day12　ラマ湖

Day13　早朝、チョリット村からナンガパルバットをのぞむ

◀ Day13　ヘルリヒコッファーベースキャンプ

Pakistan
パキスタンの
山旅を
愉しむ

ナンガパルバットの南壁、ルパール壁。
標高差は４８００メートル、まさに世界最大の氷壁である。
眼前に聳え立つ５０００メートル近い壁を仰ぎ見る。
この壁の高さはマッターホルンをゆうに越えているのだ。

ザレ場のモレーンを越え、ルパール氷河を渡る。
トレッカーを、たくさんの家畜たちが追い越して行く。
山の向こうには大きな牧草地が広がっていた。
この山の上にも地元の人たちの変わらない日常がある。

Pakistan
## パキスタンの
## 山旅を
## 愉しむ

Day14　早朝、ヘルリヒコッファーBCから氷河を越えてラトポBCはに向かう▶

Day14　ヘルリヒコッファー BC から氷河を越えてラトボ BC に向かう

Day 14　ナンガパルバット南壁で大きな雪崩を目撃する

Day 14　ラトホ BC

Day15　ヘルリヒコッファー BC 正面のモレーンを越え、
ナンガパルバットにより近づく

Photo:Takeshi Nakayama

コンコルディア付近を流れるバルトロ氷河

Photo:Takeshi Nakayama

コンコルディアのテントから見る K2

Photo:Takeshi Nakayama

パキスタン北部山岳地域
ギルギット・バルティスタン洲
←カシュガルへ
クンジュラブ峠
中国
ゴジャール
スカムリ氷河
K2
8611m
ブロードピーク
8051m
ムスターグ・タワー
7284m
コンコルディア
ガッシャーブルム
8080m
ビアフォ氷河
バルトロ氷河
アスコーレ
マッシャーブルム
7821m
マンゴグソール
6288m
K6
7281m
スカルドゥ

アフガニスタン
コズサール
6677m
118mm
フンザ
ススト
カランバール氷河
カテドラル
6106m
バトゥーラ氷河
カランバール川
シスパーレ
7611m
パスー
ウルタル
7388m
カリマバード
アッタバード湖
チャトークハンド
ミナピン
ガクーチ
ナガル
ヒスパー氷河
フンザ川
ラカポシ
7788m
ディラン
7257m
スパンティーク
7027m
チョイルンマ氷河
ギルギット
ギルギット川
ギルギット
アストーレ川
インダス川
ライコット橋
インダス川
チラス
アストーレ
フェアリー
メドウ
ラマ
バルティ
チラス
ラマ湖
ナンガパルバット
8126m
ライコットピーク
7070m
チョリット
タルシン
ルパール

# パキスタン全図

※アザド・カシミールはパキスタンが実効支配しているので、この地図上はパキスタンの国土に組み込んだ。意味は「自由なカシミール」である。

Pakistan

# パキスタンの山旅を愉しむ

柳谷杞一郎

フンザ&
ナンガパルバット&
カラコルムハイウェイ

雷鳥社
RAICHOSHA

# はじめに

「あなたの瞳の中には、三つの青い星がある。ひとつは潔癖であり、もうひとつは淫蕩であり、さらにもうひとつは使命である。」

宮本輝の著作「草原の椅子」の冒頭である。この謎めいた言葉は、パキスタンの北部山岳地域の町フンザ集落の入口近くの雑貨屋で出会った老人から、主人公である遠間憲太郎が投げかけられたものだ。

65歳の誕生日の直後、エベレスト街道トレッキングに出かけカラタパール、チュクンリ、ゴーキョリと三つの5000メートル峰にチャレンジした。ヘトヘトになるも（なにしろ僕は還暦になってから登山を始めた初心者。しかもコロナで3年ほどの空白期間もあったのだ）、なんとか登頂に成功する。頂上は周りを8000メートル級の山々に囲まれたまさに神々の領域。まるで宇宙と直接繋がっているかのような自分を味わえた。

ネパールから帰国して、まだ興奮冷めやらぬ頃、エベレスト街道トレッキングツアーの主催旅行会社ワンダーズアドベンチャーの代表であり、ガイドをつとめてくれた中山岳史さんへのお礼の食事会の席で「次はどこに行く？」が話題となった。

ここで、フンザの話が出てきたのだ。

フンザはカラコルム渓谷のなかにあって、ラカポシ、ディラン、ウルタルの三つの名峰に囲まれている。いずれも標高7000メートルを越える高峰である。それぞれの山がそれぞれの物語を持っている。山好きにとってはあこがれの地の一つだろう。

フンザは「世界最後の桃源郷」「不老長寿の里」とも呼ばれており、秘境の旅好きにとっても一度は訪れてみたい地であるらしい。

なんてことを、65歳を超え、とうの昔に前期高齢者に足を踏み入れている僕がはじめて知ったのはこの食事会だったのである。

エベレスト街道トレッキングツアーの参加メンバー一の元気者で、ムードメーカーだったMさんにとってフンザはずっと「一生のうちに一度は訪れてみたいところ」だったのだ。

そのきっかけが宮本輝の「草原の椅子」だったのである。「柳谷さんも一度読んでみて」と勧められた。

実は僕、中山さんにはじめて会ったときに、エベレスト登頂の瞬間の映像を見せてもらい、その映像と「山頂に到達するとみなさん、例外なく涙を流すんですよ」という言葉に心がふるえた。それがきっかけとなり、将来のエベレスト登頂を見据え、エベレスト街道トレッキングツアーに参加したのである。中山さんの「65歳を超えていてもある程度の体力があれば登頂は可能です」の言葉に勇気をもらった。

前著「65歳からのエベレスト街道トレッキング」でも、今後のエベレスト登頂への挑戦をにおわせていたのだが、実は半分諦めかけてもいた。テニスのやりすぎで痛めた右膝があまりにも痛いのである。長い下り坂が続くと、右膝が悲鳴をあげる。3か月間にわたるプールでの水中ウォーキングとか、有名整体院への通院とか、それなりに努力はしてきたつもりだが、いっこうに右膝痛は改善しない。

なにしろ歩くことはできても、身体が宙に浮き、片足で全体重を受け止める「走る」という行為自体が難しいのだ。中山さんが条件として挙げていたある程度の体力（10キロを50分で走ること）を手に入れることはできそうにもない。

もちろん、覚悟がないということなんだとも思う。命がけで取り組めば、右膝痛を克服する方法が見つかるのかもしれないのだ。しかしながら、命がけで右膝痛を克服してエベレスト登頂をしたいかと問われれば、答えは「無理かも」である。そこまでの情熱はない。

というわけで、「次はどこに行く?」「フンザ!」というのは、ちょうど収まりのいい提案だったのかもしれない。

山の素晴らしさは十分に知っているつもりだ。でも、命がけで山に挑戦する体力も技術も経験も情熱も持ち合わせてはいない。それでも、心がふるえるような山登りはしたい。「それでいいじゃないか」と思うようになっていた。

で、フンザを目指すパキスタンの旅を中山さんに企画運営をしてもらうことになった。中山さんの本拠地はネパール。パキスタンでのトレッキングの旅の企画運営ははじめてのことである。Mさんはツアーが成立するある程度の参加者を集めることを約束し、中山さんは山仲間、旅行会社関係者のツテを駆使して、山好きの参加者が楽しめるツアーを構築してくれることになった。

結果、どうせパキスタンまで出かけるなら存分にパキスタンを楽しもうということで全日程は19日間となり、パキスタンでの訪問地はフンザだけでなく、パスー、パキスタンと中国の国境クンジュラブ峠、ラカポシ&ディランのベースキャンプ、ナンガパルバット北壁を楽しむフェアリーメドウ、ナンガパルバット南壁を楽しむヘルヒコッファーベースキャンプ、イスラマバードと盛りだくさんになった。ツアーの参加者は予想を超える10名。僕以外のほとんどの参加者は本格的かつ経験豊富な山の愛好家である。「フンザ」と聞いて、即座に「前から行ってみたかった」と思ったに違いない人たちだ。

僕は8000メートル峰の1座としてナンガパルバットの名前は知っていたものの、その山がヒマラヤ山脈の西端にあって、ほぼ独立峰の美しい佇まいをしていること、その南壁(ルパール壁)は、高度差4800メートルに及ぶ世界最大の氷壁であること、などはじめて知ることばかりである。カラコルム山脈を訪れると聞いて、最初に僕はK2が見られると思ったくらいなのだから、知識の底が知れている。K2はカラコルム山脈の奥深くにあるのだ。今回の旅ではその姿を見ることはかなわなかった。

そんな僕が、この旅のことを書籍にするのは不遜な気もする。それでも僕は書くことにした。今回の旅を終えて、いろんなことを知りたいと思うようになった。ところがネット検索しようが、図書館やアマゾン、書店で関連書籍を探そうが、なかなか思い描いているような資料に行き当たらなかったのである。

パキスタンはテロが頻発する危険な国と思われているのか、現時点では旅行ガイドの定番「地球の歩き方パキスタン」も'07~'08を最後に新しいものは発行されていない。

欲しい本がなかったら自分で本をつくりたいと思うのが編集者の性。実際に訪れてみて、もっとたくさんの人にこのパキスタンの旅を楽しんでもらいたいと思ったのだ。

前半はパキスタンのこと、パキスタンの山のこと、パキスタンの人のこと、宗教のこと、氷河のことなど、調べているうちに面白いな、伝えたいなと思たことを綴った。後半は19日間にわたるフンザ&ナンガパルバット周遊トレッキングの旅日記という二部構成になっている。

この国は本当にたくさんの魅力にあふれている。興味深い国なのである。一度は訪れていただきたい。

この本が山好き、旅好きの人たちに届き、より豊かな山歩き、旅歩きの一助となりますように…。

柳谷杞一郎

目次

# パキスタンの山旅を愉しむ



## 第1部 パキスタンに関する基礎知識

## 第2部
# フンザ&ナンガパルバット周遊トレッキング

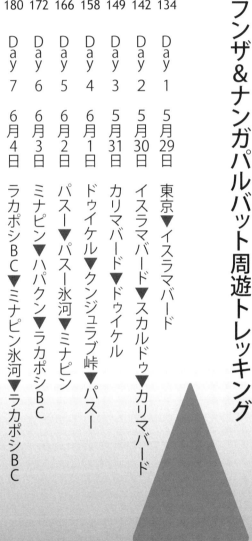

# 第1部

Pakistan

# パキスタンの山旅を愉しむ

# パキスタンに関する基礎知識

# 国家の成立と宗教

友人たちに「パキスタンに山登りに行く」と伝えると、多くの人たちから「パキスタンってどこにあるの?」という質問が返ってきた。それほど馴染みがない国なのだろうか。それとも日本の地理教育が低レベルなのだろうか。

インドの西隣で、イランの東隣、アラビア海に面している。意外と中近東に近い。地図上では南西アジアとよばれる地域だが、アジアのようでアジアでない、中近東かと思えばそうでもない。まさにその狭間にある国なのである。

パキスタンは1947年8月14日、英国領インドから独立した。英国領インドの面積の約4分の1、人口の約5分の1にあたる。インドは多民族、多宗教を許容して一つの国として独立をしようとしたが、これにインド国内のイスラム教徒たちが猛反発、ヒンズー教徒中心の国家がつくられることを恐れたのである。一つのインドでは英国植民地時代から英国に協力的で、かつ多数派だったヒンズー教徒に支配されるだけだと考えたのだ。

国民的詩人イクバール、国父とよばれる政治家ムハンマド・アリー・ジンナーなどイスラム教徒の独立指導者たちの熱烈な運動が実を結び、イスラム国家パキスタンは独立を果たすのである。

パキスタンの正式名称はパキスタン・イスラム共和国。そもそもパキスタンの分離独立運動は「イスラム国家の実現」を掲げていた。つまりはパキスタンでは、イスラム教は個人や宗教団体のための宗教ではなく、国家の在り方にかかわっており、国民統合の原理として位置づけられている。主権は「神」にあるのだ。したがって、「神」が定め、許した範囲で国民は権利を行使できるのである。あくまで宗教を中心にした国家なのだ、唯一絶対の神アッラーの教えを忠実に守ることを国民が義務づけられているといっていい。

それでも、この国は自分たちの国の在り方に悩んできた。「パキスタンは単にムスリムが住んでいる国というだけでいいのか、それとも絶対的に神に服従するイスラム国家を目指すべきなのか」、そこに論争はあったのである。ほんの一時期（'62年3月〜'64年1月）だけ、国名が「パキスタン共和国」になったことさえあるのだ。

ちなみに英国領時代からの独立時はインドを挟んで西パキスタン、東パキスタンに分かれていた。1800キロも離れた飛び地国家だったのである。しかし、1971年の第3次印パ戦争においてインドに無条件降伏をすることになった結果、東パキスタンはバングラデシュとして独立した。同一民族ではなく宗教で結びついた関係であったため、もともと西パキスタン優位の政治状況に東パキスタンは不満を持っていたのである。

バングラデシュはベンガルの国の意。住民の98%ほどがベンガル人であり、公用語はベンガル語である。独立は自然であったのかもしれない。

パキスタンの国名は公用語であるウルドゥー語で「清浄の国」の意味だが、西パキスタンに属するパンジャブ州の「P」、アフガン（北西辺境）州の「A」、カシミール州の「K」、シンド州の「S」、バロチスタン州の「TAN」が結合されたものでもある。東パキスタンが疎外感を持っていたのも当然といえば当然である。

ところで、なぜインドとパキスタンは戦争を繰り返しているのか。なにしろ世界の核保有国はたったの10か国。米国、ロシア、英国、フランス、中国、イスラエル、北朝鮮、そしてインドとパキスタンなのである。インドの最初の核実験は1974年、再び1998年にも5回の核実験を行っている。それに対抗するようにパキスタンでも同じ

1998年に核実験を敢行している。軍事力、軍事費用ではインドがパキスタンを圧倒しているが、パキスタンは一歩も引きさがるつもりはないのだ。

もちろん、その始まりは一つのインドとして独立を目指したインドとイスラム国家として独立を目指したパキスタンとの確執からである。最初にして最大の火種はカシミール地域（今回の旅の訪問地、ギルギット、フンザ、ナガルのあたり）の帰属問題であった。この地域の藩王（英国植民地時代、インドは500以上もの国に分かれ、それぞれの国をそれぞれの王が治めていた、いわば江戸時代の藩主のようなもの）はヒンズー教徒であったため、インドとパキスタンの独立時にインド帰属を表明した。しかし、この地域の住民のほとんどはイスラム教徒（ムスリム）、パキスタンへの帰属を望んだのである。

1947年10月、住民たちはインド側の官吏を追い出し、アーザード（自由）カシミール臨時政府の樹立を宣言する（のちにバルティスタン管区としてパキスタン政府の管轄下に入る）。もちろんインド側も、この状況を指をくわえて見ていたわけではないので、第1次印パ戦争が勃発したのである。一度はインドがこの地域を制圧するが、翌年パキスタンの反撃により奪還される。ただ、現時点ではこの地域は完全にパキスタンの統治領域。

表面上はきわめてのどか、平和そうに見える。

パキスタン政府は独立前の英国の統治法にならい、長い間それぞれの地域をそれぞれの藩王に任せる間接統治のスタイルをとっていたが、1974年のフンザの藩王制度を最後に直接統治の方法に変更した。フンザに残されたいくつかのお城は観光資源として整備されていて、往時の藩王の生活を垣間見ることができる。また、そのうちの一つが「風の谷のナウシカ」のモデルとなったといわれている。

さて、パキスタンとインドと二つの国に分かれての独立は様々な悲劇を生んだ。パキスタン側にムスリム住人が圧倒的に多いとはいっても、全員がムスリムだったわけではない。パキスタンから新生インドに逃げ出そうとするヒンズー教徒、インドから新生パキスタンに移住しようとするムスリムとの間で多くの争いごとが起こったのである。争いごとは凄惨な殺し合いにまで至ることもあった。正確な数は把握できていないものの、20万人から50万人もの人が亡くなったともいわれている。今でも同じ家族がパキスタンとインドに引き裂かれて住まざるを得ないという分裂家族の問題が存在しているということも忘れてはならない。

現在ではパキスタン地域のほとんどのヒンズー教徒や他宗教の信者はインドへの移住を果たしており、パキスタンでのイスラム教徒の比率は99％にもおよぶとされている。もちろん、こういう状況において少数派の他宗教信者たちが不利益をこうむることも多々ある。ただ、わずかながらでも他宗教の信者が存在することで解決する問題がないわけでもない。例えばムスリムの女性だと職業として選ぶことが難しい看護師のような仕事をキリスト教信者の女性が担っていたりする。男性看護師ばかりの病院では不都合なことが起こりかねない。

ちなみに今回の旅行中、外国人である我々が他宗教の信者であることで、いわれのない差別を受けたということはなかった。唯一絶対の神アッラーを信じないからといってあからさまな迫害を受けたりはしないのである。

旅にかかわったパキスタン人は全員もれなく敬虔なイスラム教徒だったように思うが、一様に他人思いで親切で優しかった。もちろんごく個人的な感想だがインド旅行で出会ったインド人よりもずっと好印象だった（ラダックで出会ったインド人はチベット民族だったので、肌合いとしてはパキスタンの山岳地域で出会った人たちと似ている）。

# 地域性とそれぞれの見どころ

パキスタンの国土は日本の2倍ほど。人口も約2倍の2億4000万人。人口14億越えのインドと中国は別格として、アメリカ、インドネシアに続く世界第5位の人口大国である。大きな人口は大きな力を生む。

しかも30歳以下の人口が約65%。「羨ましい」としか言いようのない若者大国でもあるのだ。街を歩いているときだけでなく、山中の村の小道を歩いているときでさえ、人々の活気があふれ出ていることを感じられる。

パキスタンは5つの州に分けられている。

まずはパンジャブ州。南東部にあり隣国インドと隣接する。住人はパンジャブ人が中心でパキスタンに人口の約半分がここに住む。この州の人口だけで日本の人口を越えるのである。ペルシャ語のパンジは五，アーブは大河の意で、「五つの大河」が地名の由来である。

首都イスラマバード（ここはどこの州に属さない独立都市。ただし、位置的にはパンジャブ州内）、ムガル王朝時代の旧都で、中世を彷彿させる世界が広がるラホール（州都）、インダス文明時代の遺跡ハラッパー、日本の仏教美術の源流ともいえるガンダーラの遺跡、遺構が残るタキシラなど、見どころがいっぱいである。

シンド州も南東部の州でインドと隣接、アラビア海に面している。人口2000万以上でパキスタン最大の商業都市カラチ（州都）を有している。インドからパキスタンに移住してきた多くのムスリムがこの地に流入しただけでなく、アフガン難民の多くもこの地を目指し、一挙に人口が膨れあがったのだ。一説には人口は2500万人を越えているともいわれている。世界最大級の都市の一つである。計画的につくられた首都イスラマバードに首都機能が移転されるまでは、カラチがパキスタンの首都であった。インダス文明の象徴的遺跡モヘンジョダロもこの州内である。

バロチスタン州はシンド州の西隣、同じくアラビア海に面し。イラン、アフガニスタンと国境を接している。「スタン」はペルシャ語で国を意味する言葉。パキスタンだけでなくイスラム国家の国々にはアフガニスタン、ウズベキスタン、カザフスタン、タジキスタン、トルクメニスタンなど、「スタン」のつく国名が多い。

バロチスタンも「バローチ人の国」の意である。ただし現在の住人のほとんどはアフガニスタンにも広く分布するパシュトゥーン人である。バローチ人は主に南部の海沿いに住んでいる。ちなみに陸続きのイラン東部にも多くのバローチ人が住んでいる。州政府の公式紋章ラクダと山がデザインされており、砂漠と岩山が織りなす荒涼とした土地が大部分をしめる。観光資源は少ないが、パキスタン人の多くが持つ「客人接待」の精神がもっとも実感できる地域かもしれない。面積が一番大きいにも関わらず、人口はもっとも少ない。州都はクエッタ。

カイバル・パクトゥンクワ州は以前アフガン（北西辺境）と呼ばれていた州である。2018年隣接していた連邦直轄部族地域を編入して現在の州名になったのだ。多くの住人はアフガニスタンと共通するパシュトゥーン人である。この地域の観光資源は山岳部に住む少数民族が残す独特の風俗習慣、アフガニスタンとの国境のカイバル峠だろうか。この峠は歴史上にたびたび登場する。アレキサンダー大王も玄奘も法顕も、はるばる遠い国からやって来て、この峠を越えて歴史に名を刻んできたのである。州都はペシャワール。

ギルギット・パルティスタン州は北部山岳地域の州で中国、インドに隣接している、以前は州ではなく、カシミールあるいは北方地域（ノーザンエリア）とよばれていたが、現在はパキスタンに属する地域として安定状態にあるため州の一つになった。州都はギルギット。

同じカシミール藩王国のなかでも、カシミール渓谷をはさんだ東側（ラダック、アクサイチンなどチベット地域）はインド領に属している。

さらに、ここは山好きなら誰もが憧れる魅力的な山の宝庫である。僕たち山好きの旅人が目指すメインエリアというべきだろう。「桃源郷」とうたわれ「不老長寿の里」として知られるフンザもこの地にある。

## 魅力的で危険な山々

ギルギット・パルティスタン州の東側にはネパールから続く世界の屋根ヒマラヤ山脈、中央に世界でもっとも高山比率が高いといってもいいカラコルム（カラは黒、コルムは礫のこと。トルコ語が語源）山脈、西側にアフガニスタンへと伸びるヒンドゥークシュ山脈、どこもかしこも山、山、山なのである。

パキスタンには世界に14座ある８０００メートル峰のうち、５座が鎮座しているのだ。世界２位のＫ２（８６１１メートル）、９位のナンガパルバット（８１２５メートル）、11位のガッシャーブルムⅠ峰（８０８０メートル）、12位のブロードピーク（８０５１メートル）、13位のガッシャーブルムⅡ峰（８０３５メートル）の５座である。

今回の旅で直接目にすることができたのは、ナンガパルバットだけだったのだが、ラカポシ（７７８８メートル）やウルタル（Ⅰ峰は７３２９メートル、Ⅱ峰は７３８８メートル）、ディラン（７２６６メートル）、シスパーレ（７６１１メートル）、スパンティーク（７０２７メートル）など７０００メートル峰にはいくつもお目にかかることができた。なんとこの地域、７５００メートルを越える高山が19も存在するのである。地球上にある７０００メートル峰１２０座のうち半分以上はパキスタンに存在するという。

６０００メートル峰にいたっては、それこそ数えきれないほど目にすることができる。なにしろ、この国では標高６０００メートル越えの山は珍しいものではなく、名前さえつけられていないものが多いのだ。ちなみに6000メートル峰への登山には入山料も必要がないとのこと（国立公園への入場料は必要）。もはや6000メートル峰への登頂は登山ではなくトレッキングの領域なのかもしれない。未登頂の山に初登頂すると名前をつける権利がもらえるらしい。

ここの山々は多くのアルピニストの命を奪い取った山々でもある。成田空港とイスラマバードの空港で偶然出会った（同じ便に搭乗）二人。今回のツアー参加者の一人と知り合いということで挨拶を交わした登山ガイドの平岡竜石さん（55）とその同行者で赤岳鉱泉・行者小屋の小屋番をしていた田口篤志さん（36）のスパンティークでの遭難死のニュースはツアー中に知った。

同じスパンティークでの長野県山岳協会副会長の大西浩さん（64）滑落死のニュースは帰国後の7月はじめに知る。そしてこの本の執筆中の7月末、「登山家平出和也さん（45）、中島建郎さん（39）がK2西壁で滑落死」の一報が届いた。

平出さんの死には大きな衝撃を受けた。NHKの番組「グレートトラバース3〜日本三百名山全人力踏破達成スペシャル」を観て平出さんのファンになっていたのだ。番組内で「撮影の舞台裏」のコーナーがあり、すっかり心を奪われてしまった。今は引退しているが僕自身も撮影の仕事をしていたので番組の主人公田中陽希さんもすごいが、カメラマンはもっとすごいと思っていたのだ。登山史にまったく詳しくない僕は平出さんが山岳界でももっとも権威のあるピオレドール賞の日本人初受賞者にして他の追随を許さない3度の受賞者であるということもこの番組ではじめて知ったのである。

「無知、恥じるべし」というしかない。

この本執筆のために2023年に出版された平出さんの著書「What's Next? 終わりなき未踏への挑戦」（山と渓谷社）をちょうど読み終わったところへ訃報が届いた。彼はスパンティークにも、ブロードピークにも、ガッシャーブルムにも、ラカポシ（2019年、中島健郎さんとともに南壁の新ルートから登頂。ピオレドール賞を受賞）にも、ディランにも、シスパーレ（2017年、中島健郎さんとともに北東壁を初登攀。やはりピオレドール賞を受賞）にも登っているのである。パキスタンは平出さんの第2の故郷といっていい場所だったのだ。

そしてその著書の中でもっとも印象的だったのが、友人の登山家たちの死に対する思いを綴った箇所だった。ここで彼は「山で死んではいけない」という警告の思いを込めて、植村直己の著書「冒険とは生きて帰ることである」、長谷川恒男の著書「生き抜くことは冒険だよ」、谷口けいの著書「人生は冒険旅行だ」と3点の本のタイトルを紹介している。

3人の登山家・冒険家は偶然にも43歳で命を落としている。平出和也の享年はそれよりもわずかに2年だけ遅い45歳となった。

## 気候と旅のベストシーズン

もちろん、いつ訪れるかがいいのかは旅の目的、行きたい地域によって変わる。この国の面積は日本の約2倍、南北にも長い。地域によってその気候が大きく異なることはいうまでもない。

パキスタンの地形は北部山岳地域、インダス平原、バロチスタン高原の三つに分類される。世界一の高山比率を誇る北部山岳地域から南へ下がってくると、丘陵地帯となる。インダス河流域には、パンジャブ平野とシンド平野からなるインダス平原が広がる。

この肥沃な大平原が、パンジャブ州、シンド州の大人口を支えているのだ。農業だけでなく工業、商業の中心はこの地に集中しているといっていい。ただシンド州の東側、インドのラージャスタン州にかけてはチョーリスタン砂漠、タル砂漠という広大な砂漠地帯が広がっている。肥沃なインダス川流域とはまったく異なる世界が混在しているのだ。

インダス平原ときわめて対照的なのがバロチスタン高原である。非常に乾燥した地域で、降雨量は少なく、夏はとんでもなく暑く、冬は極端に寒い。

一般的にパキスタンの1年は三つ、あるいは四つの季節に分類される。三つに分類する場合は、10月～2月を寒冷期、3月～6月を酷暑期、7月～9月を湿潤期（雨季）とする。この分類がきっちりと当てはまるのは中南部の平野部だけかもしれない。

四つに分類するなら12月～2月を冬（寒く乾燥する）、3月～5月が春（春とはいっても1年でもっとも暑い。気温が50度をこえることも珍しくはない）、6月から9月が夏（モンスーンのシーズンに突入する。とはいってもそれほどの雨量は期待できるわけではない）、10月～11月を秋（冬に向けて朝晩の気温がゆっくりと下がりはじめる。山間部は紅葉が始まるので秋を感じやすい）とする。

全体的には寒暖の差が激しい大陸性気候ということになるだろう。いずれにせよ、季節よりも、どこにいるかから受ける影響の方が大きいかもしれない。高山、平原、高原、砂漠など、さまざまな気候を体験できる国なのである。

山間部では、高度が上がるにつれて、降水量、気温ともに下がってくる。まさに大陸性の乾燥気候である。というイメージで今回の旅にやって来たのだが、山の中ではけっこうしっかりと雨に降られた。山歩きをする人なら、雨具を持ち歩かない人はいないと思うが、レインウェアと折り畳み傘は必須アイテムである。

モンスーンの影響を受けるのは山間部（ギルギット・バルティスタン州）の低高度地域では、7月〜9月の湿潤期（雨季）。西寄りの山間部（カイバル・パクトゥンクワ州）では、12月から5月の冬から春にかけて雨が多くなる傾向にある。酷暑期であっても、高度があがればあがるほどどんどん気温は下がる（1000メートルにつき、6度ほど）。標高3000メートルを越えれば、明け方は氷点下になることもあるのだ。これに加えて氷河が運んでくる冷気もあなどれない。高山地帯はどこも険しい山と氷河だらけなのである。

本格的な冬季登山に挑戦する人はこの本の読者対象ではないということを前提にすれば、山間部を訪ねるベストシーズンは春から秋ということになるだろう。普通の山好き、旅好きにとっては寒冷期のこの地への来訪は厳しい。純白の雪山は輝くばかりに美しいが、深い雪に阻まれて行けないところだらけである。

フンザに限らず、このあたりの春は咲き乱れる花々で、まさに桃源郷となる。秋の紅葉も美しい。もちろん酷暑期になっても、輝くばかりの純白の雪山が消えてしまうわけではないのだ。

北部山岳地域から少し南下した丘陵地域、中部高原地帯（山間部の裾野。イスラマバード、ラワルピンディ、ペシャワールなどの都市があるあたり）は、ほぼ同じような気候である。特徴は6月をピークとする酷暑と7月〜9月のモンスーン。冬から春にかけても西方低気圧の影響を受けて雨が降りやすい。

今回の僕たちの旅では、6月上旬のイスラマバードを訪れることになったのだが、その暑さは半端ない。ギルギット、フンザ、チラスなど山間部の町の中を歩くときも、バスに乗ってカラコルムハイウェイを走るときも、その暑さは想像を超えるものだった。最終日前々日、山間部のチラスからイスラマバードまで一気にバスに乗って帰って来たのだが、高度が下がるにつれて、その暑さは殺人的なものになっていった。トイレ休憩で炎天下のバスの外に出ることだけでも辛い。気温は50度近くまで上昇していた。

モンスーンの影響は、西から東へ、南から北へと向かう。中部高原地帯では南東部ほどモンスーンの影響が大きく、降雨の始まる時期もはやい。モンスーン期間は酷暑も多少和らぐが、過ごしやすいような気温になるわけではない。もちろん、湿潤期（雨季）にはスコールに襲われることもある。

寒冷期、冬の時期は予想以上に寒い。気温はしばしば氷点下まで下がることがあるので、この時期の旅では寒さ対策も怠らないようにしたい。

中南部の平野地域は、大河の恩恵はあるものの基本的には乾燥地帯である（南東部は完全に砂漠地帯）。年間の降雨量は200ミリ以下。このあたりが豊かな穀倉地帯なのは、灌漑施設の充実によるものなのである。

酷暑期の旅は辛い。湿潤期（雨季）でも、雨の恵みはそれほど望めず、むしろ熱風による砂嵐に悩まされたりする。観光は、基本的に早朝、日没後がおすすめである。

冬の時期の平均気温は20度以上もあるのでわりと過ごしやすい。ただ、ときおり寒波のために氷点下付近まで気温が下がることもある、ということも頭の片隅に入れておきたい。

カラチのある南岸部は海洋性気候で、酷暑期でもそれほど気温はあがらず、冬もそれほど気温は下がらない。このあたりに人口が集中する理由はその気候にあるのかもしれない。

西部の高原地帯も乾燥地帯である。雨は少ない。地域によっては、乾燥の激しい砂漠気候、山間部は降雪もあり、気温はしばしば氷点下まで下がる。標高1600メートルの州都クエッタは、酷暑期は厳しい暑さ（夜になると涼しい）、寒冷期は氷点下10度ということも珍しくない。

## 公用語、ウルドゥー語について

パキスタンの公用語であるウルドゥー語は、パキスタン独立時点では、パキスタン国民が一般的に使っていた言語ではない。現在でもウルドゥー語を第一言語とするパキスタン人は全人口の2割にも満たないだろう（独立時には1％以下）。

それぞれの地域、それぞれの民族に、それぞれの母語があるのである。

パンジャブ州ではパンジャービー語、シンド州ではシンド語、バロチスタン州ではバローチ語、パシュトー語、ブラフィー語の3語が拮抗、ギルギット・バルティスタン州ではシナ・チベット語などが話される。もちろん民族の数、言語の数はもっと膨大である。パンジャービー語には「2マイルごとに水は変わり、8マイルごとに言語は変わる」という諺があるくらいだ。

そのなかで独立したパキスタン政府が公用語に選んだのは、パキスタンの地に故郷をもたないウルドゥー語であった。現在では、この国に住む人の大半がこの言葉を理解し、コミュニケーション手段として使っている。まさに公用語として成立しているのである。

このウルドゥー語、もともとはデリー王朝の支配者の言語（ペルシャ語やトルコ語）と、デリーを中心とした地域で話されていた古ヒンディー語が混合したものである。

北インドのムスリム支配層と被支配者間のコミュニケーション言語として成立、発展していった経緯があるのだ。独立運動の精神的支柱、国民的詩人ともいえるイクバールはウルドゥー語で詩を書いていたのである。

結果的にはウルドゥー語が、いかなる部族、いかなる地域の言葉でもなかったことが、この国の多民族間の対立を緩和するために有効であったと考えられる。独立時点で、もっとも使用比率が高かったパンジャービー語を公用語に選んでいたら、民族間に大きな軋轢、不満が生じたことは想像に難くない（ただし、独立直後インドからやって来た難民の多くはウルドゥー語の使用者である）。

ウルドゥー語は、今でもインドの公用語のひとつであり、南アジア全域で国際共通語として広く通用している。世界で使われている言語の中では、英語、中国語、ヒンディー語、スペイン語、アラビア語、ベンガル語、フランス語、ロシア語、ポルトガル語に続いて10番目に話す人が多い。かなりメジャーな言語といえる。日本語を話す人よりも間違いなく多いのである。

国際進出の面から見ても、公用語にメジャーな言語を選んだのは正解だったのだ。現在パキスタンでは初等教育での英語学習にも力を入れており、フンザでは小学生を含めてかなりの確率で英語を話す人に出会うこともできた。この英語力も必ずや、パキスタンの国際進出に役立つことになるだろう。

ちなみに、ウルドゥー語とヒンディー語は非常によく似ており、会話をするだけならほとんど通じるといっていい。ウルドゥー語とヒンディー語を話す人を合計すれば、いずれ世界で一番話す人が多い言語になる可能性もあるのだ。

書き言葉としては、ウルドゥー語がペルシャ・アラビア文字を使用（右から左に読む）、ヒンディー語はインド土着のデーヴァナーガリー文字を使用している。お互いの言葉を読み書きで理解するのは難しいのである。ちなみに、高級語彙に関しては、ウルドゥー語がペルシャ語に依存しているのに対して、ヒンディー語はサンスクリット語に依存しているという違いもある。

ウルドゥー語はインド・ヨーロッパ語の一つ。近代ヨーロッパ語とも遠い親戚にあるため、その特徴にヨーロッパ言語と共通するような文法があり、名詞に性、数、格などがある。ただ、文型は主語、補語、述語の順で日本語に似ている。

旅をより楽しくするために、現地の言葉を学ぶことはとっても大切。とは思いつつ、思っていた以上に英語が通じる環境だったので、僕が覚えたウルドゥー語はほんのわずか。それでも、ときどき会話の合間にウルドゥー語を挟めば、その場が和むこと間違いなし。

僕が覚えて使ったいくつかのウルドゥー語を紹介しておく。これだけ覚えれば十分とはいわないが、旅が楽しくなるのは確かである。

普通に考えれば、最初に「シュクリヤ（ありがとう）」「アッサラームアライクム（こんにちは）」を覚えるべきだろうけれど、僕が最初に覚えたのは「マズィーダ（おいしい）」だった。どうしたって、この言葉は頭に残ってしまう。なにしろ「まずい」が「うまい」なんだから。今回のテント泊、同行の料理人の腕が抜群で、何度「マズィーダ」を繰り返したかわからない。「シュクリヤ」を言った回数をはるかに上回る、僕にとってのベストウルドゥー語大賞である。

次は「チャロ」。「さあ行こう」とでも訳すのだろうか。「そろそろ行きますか」というときに使う。これが「チャロチャロ」になると「急ごう」みたいなニュアンスになる。僕がスペイン語圏を旅して「グラシアス（ありがとう）」「オラ（こんにちは）」の次に覚えたのは「バモス（さあ行こう）」である。なんかこういう言葉って耳に残るのだ。

「アイスタ」は「ゆっくり」。ちなみにエベレスト街道トレッキングで最初に覚えた現地語（シェルパ語だよね、多分）は「ビスタリ、ビスタリ」で、やっぱり「ゆっくり、ゆっくり」の意味。山歩きでは、「ゆっくり、ゆっくり」が大事なのである。

「アチャ」は「わかりました」、「アチャアチャ」は「ＯＫ！」って感じだろうか。これも、日本語とは対照的。日本語で「あちゃー」は、なんだか失敗したときに出てくる言葉。これも語感がいいので、何度も口から出てくる。

覚えているウルドゥー語はここまで。でも、僕はこれだけで十分旅を楽しめた。

旅の会話集に紹介されているような「さようなら（ホダーハーフィズ）」とか「トイレはどこですか？（バートゥルームカハーンへイ？）」とか「タクシーを呼んでください（テークスィーブラーイエ）」とかは、まったく頭に入って来ない。まあ、「タクシー」も「トイレ」も、そのまま通じちゃうしね。

でもまあ、今の時代、スマホを持っていてネット環境さえ手に入れれば、ウルドゥー語の会話集は持参しなくても困ることはない。こんなことを書かなくても、ほとんどの人は持参しようなんて思わないはずだ。旅をしているうちに自然と頭の中に残る言葉だけでいい、というのが僕の持論である。

# イスラム教、そして宗教対立に関する個人的見解

　宗教についてなにかを語るのは僕には無理、とも考えたが、パキスタンのことを考えるのに、このことを避けるのもどうかと考え直し書くことにした。なにしろ、この国の正式名称はパキスタン・イスラム共和国なのである。イスラム教はこの国の国教に他ならない。国民のほぼ99％がムスリムなのだ。そのうちの9割はスンナ派に属する。残りの1割はシーア派で、イスマイール派など少数派もわずかながら存在する。

　パキスタン地域に最初にイスラム教がもたらされたのは、8世紀にアラブ軍がシンド地方に侵入したことが始まりとされる。本格的に広まったのは10世紀になって外来のムスリム政権がこの地に樹立された以降である。トルコ系あるいはイラン系の統治者が布教活動を推し進めたからだ。ちなみにムガル帝国はトルコ系の統治者である。

　どこのイスラム国でも同様だと思うが、ムスリムのイスラム教に対する信仰の在り方、生活様式は、人それぞれである。真夜中を含めて1日5回の礼拝、ラマダン（断食）を

ルール通りにきっちりと厳格にこなし、子どもたちにコーラン学習のための家庭教師をつけ、弱者に対する喜捨（金銭やモノのプレゼント）を忘れず、一生に1回の聖地メッカ巡礼を実行し、というびっくりするほど模範的な信者がいるかと思えば、大の酒好きで隠れて毎晩のようにお酒に溺れるムスリムも、お酒は飲まないが礼拝はほとんどしないムスリムも存在するのである。

短期間しか生活をともにしなかったが、今回の旅で出会ったパキスタン人の間にも信仰に対する温度差があることは肌感覚で伝わってくる。誰もがゴリゴリのムスリムではないし、正直形式的にカタチだけムスリムという人も混じっていたと思う。

そんな彼らだが、基本的に共通しているのは唯一絶対神であるアッラーへの絶対的服従とムハンマドを最後の預言者として認めるという2点。その共通点こそが、苦難を乗り越えてイスラム国家樹立を成し遂げた強い同胞意識となっているのだろう。

さて、ここでイスラム教の基本知識をおさらいしておきたい。イスラム教はアラビア半島西部のメッカにおいて紀元610年ごろ、預言者ムハンマドによって始められた宗教である。622年にアッラーを唯一の神としてメディナで教団を設立。他の神格は一切認めない。またムハンマドを最後の預言者とし、それ以後の預言者の出現も認めない。その特徴は多神教の徹底的拒否（ヒンズー教は多数教なので断固拒否となる）、個人的な救済は来世に向けられている点（これが聖戦において死ぬことを恐れないイスラム戦士を生み出す大きな理由）にある。

シーア派は、預言者ムハンマドの女婿アリーを後継者かつイマーム（教主）と認め、スンナ派のカリフ（預言者ムハンマド亡きあとのイスラム社会の指導者、最高権威者）を簒奪者と位置づける。

もちろん、スンナ派にもシーア派にもいくつもの派閥があり、少数派も多々存在する。僕は宗教の専門家ではないし、宗教対立に対して是非を述べる深い知識はない。正直わからないことだらけだ。

例えばパキスタン（というよりはイスラム国家）で初の女性（しかも最年少）首相となったベーナズィール・ブットーの出身はシーア派の有力一族。イスラム教は女性の社会進出に否定的なはずなのでは、と思うのだが、彼女はオックスフォード大学を卒業して政治活動を始める。当時の軍事政権と対立し、何度も投獄されるが、英国に亡命、サッチャリズムに影響を受け帰国後、1988年に首相の座にのぼりつめる。このときアフガニスタンのタリバン政権（スンナ派）を支援して米国の不興をかう。

ソ連がアフガニスタンに侵攻したため、米国はその脅威に対抗するため一時期手厚くパキスタンを支援していたのだが、ソ連の撤退後、米国もパキスタンに対する支援から手を引く。これでパキスタンのムスリムの多くは反米国に傾く。そんな中、ソ連軍の撤退で混乱したアフガニスタンの政情を安定させたのがタリバンだった。ブットーがタリバンを支持したのは無理からぬことかもしれない。

でも、である。タリバンは、女性の社会進出を認めず、女性の高等教育（大学進学）を禁止にして、世界から不興をかった政権である。そのタリバンを人並み以上の高等教育を受けた女性首相が支援するという構造が僕にはなにがなんだかよくわからない。しかも現時点ではアフガニスタンのタリバンから分派（あるいは支持する）したTTP（パキスタン・タリバン運動。部族単位の武装グループの集まり）が多くの国内テロを主導しているのである。残念というほかない。

それぞれに立場があり、それぞれに言い分があるのだろう。軽々しく「女性の高等教育を認めないなんて、なんてひどい」なんて、言ってはいけないのかもしれない。

問題は絶対的正義を掲げ、それをまったく疑わないことなのだと思う。絶対的な正義を疑わない人は、人の自由や命を奪うことを悪いことだとは思わなくなる。なんせ、正義のためなのだから。多くの人の幸せのためなら、多少の犠牲はしかたないということになるのである。

人類史上、もっともたくさんの人を殺してきたのは、絶対的な正義を掲げる宗教だったのではないだろうか。マヤ、アステカ、インカ文明を破壊し、夥しい数の異教徒を殺戮していくためには、邪宗から人々を救うためという確かな理由が必要だったに違いない。

正義のためという御旗なしに、大量殺人などできるものではないのである。他者からなにかを奪うのに強欲だけでは、なかなか突き進めるものではない。そこには「正義」の御旗が必要なのだ。

絶対的な正義こそが、あらゆる決定の基準である社会は、ある意味生きやすいのかもしれない。ただし、その価値観の中で指導者が正義から逸脱すれば、排除されるのだ。排除された指導者は権威の場から陥落したあと、徹底的に叩かれる。自身を守るためには絶対的正義を貫き、権力を守り通さねばならない。プーチンだって、金正恩だって、習近平だって、権力を失うことが怖くてしょうがないのである。

だから政治も、宗教も絶対的な正義を強く主張する人たちは危険だと思う。

ムスリムの人たちも、共産党の指導者たちも一人ひとりと接する分には、圧倒的にいい人たちが多い。怖いのはある程度の大きさの組織になって、声高に正義を叫ばないと、その地位を失い転落しなければならなくなった組織とその指導者たちである。

正義を主張しあったとしても、もっとお互いを許しあえる、認め合える社会になるといい。こんなことを僕がつぶやいたところで、なんにも世の中は変わらないと思いつつ…。

# 祝日、行事、習慣

パキスタンの祝日は大きく2種類に分けられる。一つはイスラム教の祝日である。イスラム教の祝日はイスラム暦（太陰暦）に基づいているので、祝日になる日は毎年少しずつずれていくことになる。もう一つはイスラム教と関係のない祝日。こちらは太陽暦に基づいているので毎年同じ日が祝日となる。

イスラム教の習慣で、ラマダンはもっとも象徴的なものだろう。イスラム暦の9番目の月は神聖な月と考えられている。断食月である。この月の日の出から日の入りまでの間、断食をすることはムスリムの大切な義務なのである。ラマダンは他の月にも行われるが1か月を通して行われるのはこの月だけだ。空腹や自己犠牲を経験することで、飢えた人達に対する慈愛、平等への共感を育むことを目的としている。

イスラム教の聖預言者が洞窟の中で瞑想して過ごした大切な1か月間を追体験しようとするものだ。飲食だけでなく、喫煙や性行為などすべての快楽に関する行為、喧嘩や他人に対する悪口も忌避すべきものとされている。自身の身を清め親族や友人たちと苦しみを分かち合うことで、連帯感を醸成し、寄付や施しへと繋げていく。

イスラム暦の第10月の1日は祝日、ラマダンの終了を祝う祭りはイード・アル＝フィトルと呼ばれ盛大に祝われる。多くの人たちが新調した晴着を着て街に繰り出し、互いに「おめでとう」と挨拶を交わす。子どもたちにお小遣いを与える、お年玉のような習慣も存在する。

イード・アル＝アドハーは、アブラハムが息子をアッラーへの犠牲として捧げようとしたことを記念する祝日（犠牲祭。ムスリムの巡礼月、イスラム暦の第12月の10日に行われる。メッカへの巡礼の最終日にあたる。

イスラム教では、健康で財力のあるムスリムは少なくとも人生のうちに1回はメッカ巡礼（ハッジと呼ばれる）を行うべきだとされているのだ。有効なハッジを完遂したムスリムは尊敬の対象となる。ちなみにムスリム以外の人間がメッカに立ち入ることは禁止されている。

アドハーでは、正装してモスクに集い、経済的に余裕のある者にはヒツジや牛、ヤギなどの生贄の供出が求められる。生贄はまず飢えた貧しい人たちに分け与えられ、残りがお祝いの宴に供される。肉をふるまうことはアドハーにとって不可欠な要素なのである。祈りの場、宴の場では、出席者は祈りの後抱き合い「よい祝日でありますように」と挨拶を交わす。

イード・アル＝フィトルと同様、大祭だが、宴はフィトルの3日間よりも長い4日間におよび大イード（フィトルは小イード）とも呼ばれる。

他にも預言者のメディナへの聖遷の日、偉大なる預言者ムハンマドの誕生日を祝う日、預言者昇天の日など、祝祭日はいくつかあるが、旅人に大きな影響を与えるものではないだろう。預言者ムハンマドは、人々があまりに多くの催事を祝っていることを嘆き、アッラーの定めた二つのイード（フィトルとアドハー）だけを祝うように告げたという。それでも記念日というものは増え続けるものなのである。日本の祝祭日が増え続けているのと同じように…。

イスラム教に関係しない祝祭日は太陽暦だから毎年同じ日が休日となる。2月5日のカシミール連帯の日。3月23日のパキスタンデー（共和制記念日）。5月1日のメーデー。

8月14日の独立記念日。11月9日のイクバール（独立運動に大きな影響を与えた国民的詩人）生誕記念日。12月25日のカーイデ・アザム（独立指導者の国父ムハンマド・アリー・ジンナーを指す尊称）の生誕記念日。以上計6日である。

さてムスリムのもっとも象徴的な日常行動といえば、毎日の礼拝だろう。身を清め、メッカの方向に向かい、定められた作法にのっとって行わなければならない。建設中の病院のトイレがメッカの方角にお尻を向けるものになっていることがわかり、最初から工事がやり直しになったという事例もあるくらいだ。礼拝にとって、方角はきわめて重要である。きちんと正式な礼拝をするとなると、だいたい20分程度はかかるのだが、簡略化して5分程度ですませる人が多いらしい。

礼拝は夜明け前、お昼、午後、日没前、夜の1日5回行うというルールである。時間についてはその場所の日の出、日の入りの時間によって決められる。海外旅行中モスクのそばの宿で寝ていて、真夜中に突然スピーカーから礼拝をうながす大音量の呼びかけ（アザーン）に起こされたという経験を持つ人も多いはずだ。

ちなみにアザーンはこんなことを言っている。

「アッラーは偉大なり。アッラーのほかに神はなし。ムハンマドはアッラーの使徒である。礼拝のために来たれ。成功のために来たれ。礼拝は眠りにまさる。アッラーは偉大なり。アッラーのほかに神はなし」

「そんなこと、真夜中に大音量でスピーカーから流さなくてもいいんじゃないか」というのは異教徒の意見。なにしろ、ムスリムにとっては「礼拝は眠りにまさる」のである。

ちなみに礼拝1日5回はスンナ派のルール。シーア派の十二イマーム派は1日3回が基本である。

フンザあたりに信者の多いイスマイール派では1日2回。しかもイスマイール派にはモスクもないので、アザーンもない。確かにフンザの宿ではアザーンに起こされることはなかった。

今回の旅をサポートしてくれたパキスタンガイドやアシスタント、ポーター、運転手、料理人たちも全員ムスリムだったが、1日5回の礼拝をしているようには見えなかった。ガイドさんの一人に「礼拝はルール通りに毎日ちゃんとしているの?」と聞くと、ニヤニヤしながら「仕事中でできないときはしかたないさ。それでも簡略化して朝と日没後の2

回はするようにしているよ」と答えてくれた。まあ、せいぜい1日1回礼拝をしている程度というのが僕の推察である。多分ガイドさんはイスマイール派だったのだ。

毎週金曜日は集団礼拝の日である。毎日の礼拝は集団で行われるのが基本だが、これは実現が難しい。せめて金曜日だけでも親族や仲間たちとモスクに集まって集団礼拝をしようというわけだ。キリスト教の日曜日と同じ位置づけのように思われるが、考え方はまったく違う。キリスト教の日曜日は安息日（休むべき日）なのに対して、イスラム教では金曜日に安息を求めてはいないのである。礼拝はするべきだが、休む必要などないのだ。

モスクでの礼拝は選ばれたイマーム（イスラム教の集団の指導者を意味するアラビア語）によって指導され、参拝者は説教を聞く。礼拝前にはシャワーを浴びるか沐浴をして身を清め、清潔な衣服を身に着けるのがよいとされる。またネギやニンニクなど臭いの強い食べ物も避ける。

と書いては見たものの、どれくらいの割合でムスリムたちがこの厳格なルールが守っているのだろうか。あくまで建前の話のような気がしてならない。

## パキスタンでなにを食べるか

ネパール、インドではカレーばかりを食べてきた。パキスタンもその系譜にあることは間違いない。パキスタンはもともと北インドと歴史文化をともにしてきた。食文化が似通うのも無理からぬことである。

パキスタンにおいても、まずカレーが基本である。パキスタンのカレーは、ネパールやインドのものと比べてかなりマイルド。トルコ料理やペルシャ料理の影響もあるからだろう。日本人好みである。チリソースの強烈な辛みを強調せず、サフラン、カルダモン、ゴマ、ケシの実などエキゾチックなハーブとフレーバーのブレンドに味のポイントを依存している。

ただし、食べ続けていると少し飽きてくる。ガツンと辛いカレーもたまには欲しくなる。僕は辛いものが苦手な方なので、日本人好みと書いたが、辛いものの方が圧倒的に人気のある昨今、パキスタンのカレーは辛いもの好きには物足りないかもしれない。なんてことを考えていたら、実はガイドさんが日本人向けに辛さのレベルダウンを店に注文していたらしい。ツアー終盤、少し辛いカレーを要望したら格段に満足感が増した。

僕は同じような食事が何日か続くと極端に食欲がなくなるダメ山男なので、パン食が毎食続くことには耐えられない。カレーとご飯の食事なら、数日程度なら受け入れることができる。ご飯とおかずという組み合わせが合間に挟まれてほしいのだ。

したがって僕の重いダッフルバックの中味の大半はアルファ米の赤飯、五目御飯、チキンライス、白がゆとかになる。フリーズドライの牛肉のやわか煮、中華あんかけ、親子丼や海苔の佃煮、らっきょう、各種ふりかけなども必携である。

パキスタンで米といえば当然長粒米。個人的にいえば、以前はこの長粒米、少々苦手だったが、最近見直してきている。美味しいと思うようになってきた。なによりカレーに合う。今回のツアーでもお土産にガイドさんおススメの長粒米を選択した参加者もいたほどだ。

おかげで今回の旅行、熱湯さえあればすぐに食べられるアルファ米のご飯はほとんど利用しなくてすんだ。各レストランで供される長粒米がおいしいからだ。テーブルの上には必ず、ご飯が用意されている。わざわざお湯を用意してもらってアルファ米を食べる必要がなかった。

カレーもネパールのようにダル（豆）中心ではない、チキンカレー、豆カレー、マトンカレーはもちろんのこと、キーマカレー、牛肉カレー、ジャガイモがゴロゴロ入った肉じゃが風カレーまで、バラエティに富んでいる。もちろんイスラム国なのでポークカレーだけは絶対に出てこない。

このカレーとともにチャパティとナンが供される。小麦粉を練ってカタチを丸く整え、平たく薄く焼き上げたものだ。ナンは発酵させてから焼くので、チャパティよりもややふっくら焼きあがる。さすが、本場。これが美味しい。まあそれでも、同じものが続くと食欲がなくなる僕は、ときおり日本風おかずを合間に挟み込むのだが…。

よく出てきたのは野菜のサラダ。豆類、ジャガイモ、トマト、ニンジン、ナス、ブロッコリー、ピーマンなど。ドレッシングがテーブルに置いてあったことはなく、そのまま塩をふりかけて食す。野菜は日本と比べれば、種類は少なくなるがしっかりと懐かしい昔の野菜の味がする。

日本の野菜は見た目がきれいでカタチも揃っているのに対し、パキスタンの野菜は曲がったりねじれていたりする。日本の野菜はほんのり甘みがあって食べやすいのに対し、パキスタンの野菜は辛かったり、苦かったり、酸っぱかったりする。素朴で濃い味というのだろうか。後味がいいのだ。自然の恵みをそのままいただけるからなのかもしれない。

カレーとチャパティに並んで、ほぼ毎回の食事に供されたのはビリヤニ。お肉や野菜とスパイスの炊き込みご飯だ。パエリア、松茸ご飯と並ぶ世界三大炊き込みご飯らしいのだが、どう考えても松茸ご飯だけはインターナショナル感に欠ける。ビリヤニは南インド全域で広く食べられる人気料理である。

小さな鉄鍋でトマトをふんだんに使って煮込んだカライも魅力的。ビーフ、チキン、マトンなど煮込むお肉によって味変を楽しめる料理だ。

焼肉料理の定番カバブも間違いなく美味しい。カバブとは中東での肉料理の総称。シシカバブと呼んだ方が馴染み深いだろうか。シシは焼き串、カバブは肉を意味する。つまりはぶつ切りにしたお肉の串焼き料理のことだ。ラム肉を使用するのが一般的だがビーフでもチキンでもかまわない。ひき肉を使ったハンバーグ状のカバブもある。もちろんパキスタンでは豚肉のシシカバブは存在しない。

香辛料をふんだんに使った辛いシシカバブの美味しいこと。甘いラッシー（冷たいヨーグルトドリンク。もともとは塩を入れて飲んでいたらしい）と抜群に相性がいい。ラッシーはカレーだけでなく、シシカバブにも合う飲み物なのである。

とはいっても、今回の旅行中でラッシーを飲む機会があったのは1度きり。僕はすごく嬉しかったのだが、参加者の大半はこれに手をつけなかった。「ラッシーに使われている氷はミネラルウォーターからつくられているの？」なんてことを気にしていた。お店からの答えは「イエス」だったけれど、そんな面倒なことをしているわけがない。多分、水道の蛇口からでてきた水を凍らせたものに違いない。

そんなことを気にしていたら、水で洗った生野菜のサラダも食べられなくなってしまう。もしかしたら、そういう人はサラダを食べていなかったのかもしれない。

でも、僕はあまり気にしないことにしている。基本的にお腹は壊さない方なのだ。いままでの海外旅行でお腹を壊したのは一度だけ。インドで2週間氷入りの冷たいドリンクを飲み続けていたら、突然激しい下痢に襲われた。だから、氷入りの冷たいドリンクはお腹が弱いと思っている人には怖い飲み物に違いない。

お腹が弱いという理由でヨーグルト、ミルクなど乳製品を避ける人もいた。確かに、旅の最終局面でお腹を壊した人が続出したので、用心をした方がいいのかもしれない。

食事時、一番テーブルに並んだ飲み物は2リットルのミネラルウォーターのボトル。続いてペプシコーラ、マウンテンデュー。なんとパキスタンでは、日本では分の悪いペプシがコカ・コーラとのシェア争いで勝利（少なくとも北部山岳地域では）しているように見える。単に注文する現地ガイドさんがマウンテンデューを好きなだけという可能性もあるのだけれど…。

食後や休憩時には必ずお茶が出てくる。伝統の砂糖をたっぷりと入れたミルクティー一辺倒かと思っていたら、けっこうグリーンティーもサービスされる。選択肢があるのだ。これがネパール、インドならいつでもどこでもミルクティー（「チャ」、「チャイ」）だったのだが…。アジア圏、どこでも「チャ」の発音で通じるところがいい。

午後のひととき、おやつでいただいたサモサは秀逸。スパイスを効かせたひき肉を、厚めの餃子の皮で包んで揚げたもの。マッシュポテトなどを包んだサモサもいい。これも旅行中に1回しか体験できなかったが、小腹がすいたときに食べる軽めのスナックとしては最高。熱いさなか、山中の小さな町で偶然見つけた小さな商店で買った、大量甘味料入りのアイスクリームくらいうまかった。

食後のデザートは、もうなにがなんでもマンゴーである。これがめちゃくちゃ安くて甘くて美味しい。かぶりつくたびに果汁がほとばしる。ほぼ毎日出てくるので、全員日が経つにつれてだんだんと皮の剥き方、食べ方がうまくなっていく。フルーツがなんでもうまいパキスタンだが、6月から8月にかけてはマンゴー収穫の最盛期。「もう1か月（旅行時は6月上旬）したら、もっともっと美味しいマンゴー食べられるよ」とガイドさんは自慢げ、である。1か月したら、いったいどんなマンゴーが食べられるのだろうか。

夏の終わりから冬の始めあたりまで店頭に並ぶザクロも、マンゴーに負けず劣らず絶品なのだとか。一度試してみたいものだ。

フルーツ王国パキスタンでは、ドライフルーツは特産品のひとつ。日持ちもするのでお土産にはもってこいだ。ギルギットやカリマバードなど北部山岳地域の町にはいくつものドライフルーツ屋さんが並んでいる。マンゴーはもちろんのこと、レーズン、デーツ、なつめやし、リンゴ、あんず、パイナップブル、クランベリー、桑の実とその品数は豊富。なんと柿のドライフルーツまで置いてあるではないか。しかも、べらぼうに安い。

ツアー参加者の多くが、お土産用に大量に買い込む。1袋につき200～300円安いとして、10袋買ったところで持ち帰る手間賃にしては不満足と思い、店外で時間つぶしをしていた僕だったが、柿のドライフルーツを見つけて心変わり。今まで見たことないないドライフルーツだったからだ。これ、トレッキング中のおやつとしては最高。2袋、旅行中に完食してしまった。

## 氷河について考える

パキスタンの山旅では、魅力的な氷河と出会いが何度もあった。そもそも北部山岳地域はヒマラヤ山脈、カラコルム山脈、ヒンドゥークシュ山脈と世界的な三つの山脈に囲まれている。どこもかしこも山、山、山であるのと同時に、どこもかしこも氷河、氷河、氷河でもある。

今回の旅では足を踏み入れることはできなかったが、パキスタンを代表する氷河はヒスパー氷河（全長61キロ）、ビアフォー氷河（全長59キロ）、バルトロ氷河（全長58キロ）、バトゥーラ氷河（全長58キロ）など、いずれも超巨大。特に、バルトロ氷河の奥には世界第2位の高峰K2、第11位のガッシャーブルムI峰、第12位のブロードピーク、第13位のガッシャーブルムII峰と4座もの8000メートル峰が並んでいる。8000メートル峰の密集地なのだ。世界でもっとも有名な氷河の一つといっていいだろう。

僕たちが足を踏み入れた氷河は、パスー氷河、ミナピン氷河、ライコット氷河など、巨大氷河と比べれば、それほど大きな規模のものではなかったが、それでも十分魅力的だったのだ。

僕は氷河の上を実際に歩いてみて、いろんなことを考えた。

氷河って、いったいなんだろう。何冊も氷河に関する本を読んでみた。氷河を定義すると「重力によって長期間にわたり連続して流動する雪氷体」（「氷河地形学」岩田修二著、東京大学出版会）ということになる。

2012年、富山県立山連峰の立山、剱岳にある三つの万年雪が氷河と認められ、極東地域の氷河の南限がカムチャッカ半島から大きく南下したというニュースはそれなりに話題になったはずだ。数年以上にわたって存在する雪渓（万年雪）を氷河として認めるか否かは専門家にとっても難しい問題らしい。

「氷河地形学」には、氷河を以下のように説明している記述もある。「高所に降った雪が蓄積し、年月を経て氷になることで形成され、固体であるにもかかわらず自らの重量で下流に向かって流動している」。その流動スピードは降雪によって増える氷の量と、融解によって失われる氷の量によってコントロールされるというわけだ。

ちなみにヨーロッパアルプスや北米大陸の氷河は冬の降雪で成長するが、ヒマラヤ、カラコルムあたりの氷河は夏のモンスーン時期の雪で成長するのだとか。意外な事実ではなかろうか。まあ、ここ100年は成長よりも融解のスピードの方が速いのだが…。

氷河時代の氷河は地球上の3分の1（4500万平方キロメートル）という広大な面積をおおっていたという。このころの氷河は厚さが3000メートル以上もあったのである。この氷の塊がその重量によってゆっくりと流れ出す。氷河の破壊力はその重量にあるのである。日本のように高い山がない国では、雨や雪は水となって海に注がれる。日本での水の循環サイクルはわずか26日ほどである。逆に氷河の流れるスピードはきわめて遅い。例えば全長50キロの氷河の流れのスピードが1年に100メートルだとすると、その氷河の舌端は500年前に降った雪が氷になったものということになる。

氷河はその中に土砂や小石だけでなく、大きな家ほどの巨石なども抱え込んでこれを運ぶ。また強靭なやすりとなって山や谷を削っていくのである。削られた岩はモレーン（土手）となって周辺にうずたかく積み上げられる。氷河は陸地の表面のカタチをまったく違うものに変えていくのである。ギザギザに尖った針峰山、深い谷間をつくったのもすべて氷河なのだ。

ところで、氷河は白いもの、あるいは青白いものという思い込みがあった。ところが僕の見た氷河のほとんどは灰色か黒色。表現は悪いがやや薄汚い印象である。どうしてなんだろうと調べてみたら、ちゃんと理由があった。高い山の上で水が岩の割れ目にしみこむと、水はそのまま凍って膨張し、岩から小さなかけらを削り落としてしまう。そのかけらが氷河の上に転げ落ちて積み重なっていく。これが白い氷河をおおい隠してしまうのだ。

氷河が青白く見えるのにももちろん理由がある。透明度の高い氷の中にさしこんだ光は何度も反射を繰り返す。氷は赤い光を吸収しやすく、青い光は吸収しにくいため、青い波長の光が残るというわけだ。土をかぶった黒い氷河であっても、その裂け目に太陽光がさしこむと、奥に青白い氷が見えるはずだ。氷河は美しいのである。

過去200万年の間に、氷河期は4度やって来た。どの氷河期も数万年から数十万年も続いている。地球の地軸の傾きがほんの少しだけ少なくなると、冬はもっと暖かくなり、夏はもっと涼しくなる。そうなると温暖化はますます進むのだろうか。実は逆なのだ。冬が暖かくなると、降雪量は増えるのである。降った雪は氷に変わり、氷河は拡大する。地球の地軸の傾きは4万年周期で変化するという説もある。それなのに過去数十億年の間でやって来た氷河期はほんの数度だけ。他の様々な要因が重なる必要があるのだ。少なくとも僕たちが生きている間に次の氷河期がやって来ることはないだろう。

地球温暖化は確実に進んでいる。氷河が減ると地表面が増え、太陽光の反射率が落ち、温暖化は加速する。このままでは間違いなく氷河が消失してしまう。すでにヨーロッパアルプスでは、この100年で氷河の体積が半減しているとの研究結果が発表されている。ヒマラヤ山系の氷河の体積。これについては資料を持っていないがヨーロッパアルプスとそう事情が変わるとは思えない。

南極やグリーンランドも同様である。南極の氷床は年1550億トン、グリーンランドの氷床は年2780億トンのペースで減っている。グリーンランドでは氷河から流失した氷河解け水で河川の流量が増え、洪水が発生することもあるのだとか。すでに回復不能な状況に陥っているのかもしれない。氷河が消失してしまったら、どうなるのか。

溶けた氷は海水面を上昇させる。海面上昇は、高潮・高波のリスクを拡大するだけでなく、海抜の低い地域を海面下に沈めることになるのだ。

地球温暖化対策に真摯に向き合うことは、僕たちの義務なのである。すでに「待ったなし！」の状況なのだ。氷河を歩いていて、そんなことを考えた。

## テロ、危険回避のための注意事項

今回パキスタンに出かけると友人たちに伝えたら、大多数の人が「大丈夫？危険なんじゃないの？」と心配してくれた。もちろん、「まったく安全だ」と胸を張って言えるとは思えないが、不安で毎日をビクビクして過ごさないといけないというわけではない。

インドとはいまだに一触即発の状況なのだから、国境周辺がきな臭いことは間違いない。インドだけでなく、アフガニスタン、中国、イランなど他の国々との国境近くでは軽はずみな行動は慎んだ方がいい。現時点ではインド国境よりもアフガニスタン国境の方が緊張度合いは高い。

イスラマバード、ラホール、カラチなどの大都市では誘拐、強盗、窃盗などの事件が発生する可能性がないとはいえない。人の多く集まる商業地域、デモ等人が多く集まる場所では細心の注意を払った方がいい。逆に夜間は人通りの少ない道の通行も避けるべきである。具体的な都市名でいえば、バロチスタン州のクエッタ市には退避勧告が出されている。国内で起こるテロ事件だって、けっして少ない方ではない。2021年のタリバンのカブール（アフガニスタンの首都）制圧以降、地域情勢は不安定化し、その影響がパキスタン国内でも出ているのだ。

2024年の第一四半期だけで、テロ攻撃あるいは対テロ作戦で430名が死亡し、

370名が負傷しているというデータもあるのだ。ちなみに死者の出たテロの92%は北西部のカイバル・パクトゥンクワ州と北部山岳地域のギルギット・バルティスタン州で起こっている。

2014年のペシャワール学校襲撃事件は特に衝撃的だった。TTPに所属する7人のテロリストがペシャワールの軍事学校に侵入。犠牲者は児童生徒132名に、9名の学校職員9名を加え141名にもおよんだのだ。テロリスト7名は全員射殺され終止符は打たれたが、悲劇的な事件としか形容のしようがない。

国内の過激派組織は前述のTTP(部族単位の武装組織の連合体であるため、指導者の死亡などにより分派が繰り返される)だけでなく、イラク・レバノンのイスラム国関連組織ホラサン州、バロチスタン解放軍、シンド州の独立を目指すシンド革命軍などさまざまである。

2024年4月にはカラチで日系企業駐在員5人が乗った車列が自爆テロに襲われ、日本人1人が負傷、警備員1人が死亡するという事件もあった。本書の校正中10月にもカラチでバロチスタン解放軍による爆破テロがあり、中国人2名が亡くなっている。

2021年以降、一時は沈静化したテロ事件が増加傾向にあるというデータもある。テロの件数で比較すれば、イラクが一番、パキスタン、アフガニスタンなどの国がそれに続く。だから外国資本の大型商業施設、政府関連施設などには近づかないというアドバイスもわからないではないが、実際に旅行する際にそれらの施設に一切近づかないというのは現実的ではない。突発的なテロに巻き込まれない対策などないといっていいのだ。

それでも、2000年代、2010年代に比べてパキスタンの治安が劇的に改善されているというのも事実である。今回旅行したナンガパルバット山麓でも、2013年に外国人9名（日本人は含まず）を含む、11名が殺害された事件も発生しているが実行犯の大半は逮捕されている。今回の旅でも、ピリピリしたムードはまったく感じなかった。ほのぼのとしていたのである。

実際テロに遭遇する確率は日本国内の交通事故で負傷するよりも低いのである。必要以上に恐れる必要などない。テロに巻き込まれる危険はゼロではないが、その可能性はきわめて低いというのが現状なのだ。パキスタンに限らず、どこを旅するにしても多少のリスクは負うしかない。

ただし常に最新治安情報（外務省の「海外安全ホームページ」などから）を入手、「不穏を察知したら避ける」「注意を怠らない」という対策方法は心がけたい。少なくとも今回の旅、僕たちが不安になるような事態とは一度も遭遇しなかった。

さて、心配しないといけないのは、女性の一人旅、あるいは女性だけのグループによる観光旅行だろう。こちらは現実的な被害（痴漢、あるいはそれ以上）にあった例をいくつか知っている。被害というのは大げさかもしれないが、なんとなく嫌な思いをした女性は少なくないだろう。

イスラム教徒の「女性は守るべきもの」という思いは想像以上に強い。女性に対して気を遣い、心から親切にしてくれる人が大半である。パキスタン人は基本的に人懐っこくフレンドリーなのだ。しかし、それが行き過ぎるとやや面倒なことにもなる。

異常と思われるほど女性に好奇の目が集まることも事実だ。単なる好奇心だとしても、やたらとたくさんの男性の目にさらされることに不快感を覚えるのは当然である。自国の女性に比べて外国人女性は「性」に奔放であるという間違った認識を持った男性も少なからずいる。外国人女性はある意味厳しい戒律の枠外の存在でもあるのだ。しかも小柄な日本人女性は温厚でおとなしく抵抗しないとも思われがちである。

親切にされ、ある程度の信頼が生まれたとしても、けっして気を許してはいけない。男女間においては毅然とした態度、行動をとることが肝要である。男性に対するなれなれしい態度は誤解を生みやすい。

服装にも気をつけたい。ミニスカートや短パン、タンクトップやノースリーブの上着など、肌の露出が多くなる衣服は当然避けるべきである。ヒジャブ（おおうこと、隠すことを意味するアラビア語。イスラム教徒の女性用スカーフ）で、頭をすっかりおおう必要などないが、一般的なスカーフなどを持参して首、胸元を隠しておいた方が街中を歩きやすいだろう。

無用なトラブルを起こさないように多少の気を遣うというのが、楽しい旅を続けるための秘訣である。

# フンザ&ナンガパルバット周遊トレッキング

# 第2部

Pakistan

# パキスタンの山旅を愉しむ

# Day 1

5月29日

## 東京◀イスラマバード

3月30日、ツアー主催者の中山さんの音頭とりで今回参加メンバー（10名中6名参加）による顔合わせ山行（丹沢塔ノ岳、大倉登山口からピストン）が行われた。僕はこの山行で生まれてはじめて山登りで足がつるという事態を経験する。長い階段ばかりが続く、通称バカ尾根が辛くてしかたないのである。他のメンバーは、このバカ尾根を楽々と登っていく。すっかり自信を失う。

4月のはじめには今回のツアーの発案者Mさんに誘われて4泊5日の鈴鹿セブントレッキングに参加。このトレッキングもフンザ&ナンガパルバットトレッキングの予行演習である。

御池岳、藤原岳、竜ヶ岳、釈迦岳、御在所岳の縦走。まったく知らない山ばかりだったが、これがめちゃ魅力的にして超ハード。右膝痛にとっても厳しい試練を与えてくれた。ザレ場の長い下り道、道がどこにあるのかまったく不明の雑木林をジグザグと抜けていく急峻な斜面。僕の身体は全身バリバリになって動けなくなってしまった。ということで、4日目の釈迦岳登頂のコースはパス。この日は休養日にしてもらう。最終日の比較的楽なコース（御在所岳登頂、ロープウェイで下山）に参加して、失意のうちに帰宅した。

エベレスト街道トレッキングから帰って以来、数度しか山に登っておらず（しかもハイキング程度の山ばかり）、すっかり体力が低下していたのだ。ひどい右膝痛のため、週に2、3回は通っていたテニスクラブに背を向け、週に2、3回のプール通い（毎回水中ウォーキング&スイミングを1.5キロ程度）を続けていたのだが、体力維持にも膝痛改善にも効果はなかったみたいだ。

　ますます自信をなくし気弱になってしまったが、今さらキャンセルという選択肢はない。出発までの1か月半はトレーニングのために山登りをするわけでもなく、穏やかな日々を過ごした。ただ2点だけ対策をこうじた。一つはMさん推薦の「山下り専用の膝用テープ（膝貼足）」、もう一つは、専門医の処方による痛み止め薬（飲み薬ではなく、貼り薬。癌患者の痛みを軽減するほど強力とか）である。

　あとはエベレスト街道トレッキングほどの体力は要らないという事前情報（希望的観測でないことを祈る）だけを心の支えに出発の日を待った。

　5月29日朝9時の集合時間に合わせて自宅を出発。登山用のザック（重量約7キロ、これはトレッキング中、自身で担ぐ荷物）とダッフルバック（重量約18キロ、これはポーターさんが運んでくれる荷物）を担ぎ、徒歩、バス、JR、京成スカイライナーと乗り継いで成田空港第1ターミナルまで到達する。ともかく重い。

　エベレスト街道トレッキングのときは、スーツケースでカトマンズまで行って、ホテルで必要なものだけをダッフルバックに詰めなおすという方法をとったのだが、今回は詰め替え作業をしないですむようにスーツケースは家に置いてきたのだ。どうやら他のメンバーはスーツケース、あるいは宅配便を利用したらしい。こちらが正解である。

キャスターのついていないダッフルバックを担いで歩くことが、どれほど大変なことか思い知らされた。エベレスト街道トレッキングでは、険しい山道をサンダルで歩くポーターさんたちが一人につきダッフルバック2個（重量約30キロ）を軽々と運んでいたというのに…。

集合場所では、今回のツアーの主催会社であるワンダーズアドベンチャーの社長にしてツアーガイドをつとめてくれる中山さんがいつものようにニコニコ顔で待っていた。

今回のツアーの発案者、フリーの歯科衛生士Ｍ（50代女性）さんを中心に集まったメンバー10名は、まさに多士済々。僕を除けば、経験、知識ともに豊富な本当の山好きばかりである。

まずはＭさん（50代女性）。エベレスト街道トレッキングでは、食欲旺盛、大量の水分補給もばっちり。常にメンバー一の元気印。死角なし。このＭさんの山登り仲間である

Sさん、Hさん、Kさんの3人。Sさんは元アウトドア業界勤務にして、海外の有名高山の登山経験も豊富という強者（50代女性）。Hさんは寡黙だけれど元スポーツメーカー勤務にしてマジな体育会出身のスポーツウーマン（60代女性）。二人とも塔ノ岳のバカ尾根は楽勝踏破。

Kさんは元大手一流企業の社長経験者にして、個人ガイドまでつけて登山だけでなくアイスクライミングなどもこなす本格派（60代男性）。いずれも数々の厳しい山にチャレンジ、克服してきたベテランクライマーたちである。

あとの5人は、ワンダーズアドベンチャーのホームページを見て参加を決めた3名とワンダーズアドベンチャー主催のエベレスト街道トレッキングツアーの参加者だった2名である。

大学の山岳部出身で、今も真剣に山に登り続ける本物の山屋のJさん（60代男性）。時間があると日本でコピーしてきた山関連の本を熱心に読み、地図を睨んでいる。山を見つめる眼光はやさしく、するどい。山を眺めながら、「自分だったらこのルートを登るのに」とシミュレーションをしているのだ。

二人であちこちの山に出かけてテントで迎える夜がなにより幸せというNさん、Aさんのご夫婦（ともに60代）。旦那さんのNさんは心から太極拳を愛するリタイアリー。超真面目そうな風貌からは想像もつかない辛辣な論評、とぼけたギャグでその場を和ませてくれる。奥様のAさんは雪山と氷河に魅せられた、お茶目なパワフルレディだ。いつも笑顔で旦那さんをリードしている。なんと今までにツアーでの山登りに参加した経験はなく、今回のツアーがはじめてなのだとか。

千葉の山の会に所属のOさん（70代女性）、Yさん（60代男性）の二人は見るからに心からの山好き。昨年のエベレスト街道トレッキングの旅がことのほか楽しかったらしく、中山さん主催のツアーに続けて参加。Oさんはとても70代には見えないアクティブなスポーツウーマン。大のゴルフ好きで、タイガーウッズを愛する現役キャディさん。仕事柄からか、話題豊富。大手不動産会社を退職、現在は自営のYさんは、僕の著書「65歳からのエベレスト街道トレッキング」を読んでいてくれて、一緒に参加できるのを楽しみにしていてくれたと声をかけてくれた。素直に嬉しい。彼はいつも穏やかである。

添乗員である中山さんを含めて総勢11名、無事チェックインをすませて出発までの時間をそれぞれに過ごす。僕と中山さんはスーパーフライヤーズ会員（スターアライアンスグループの上級会員。中山さんが会員なのは仕事柄当然。僕は5年前に仕事で世界一周チケットを利用する機会があり、運よく会員になれていた）なのでビジネスラウンジが利用できる。同行者（一人につき一人まで）も利用可能なので、希望をしたMさんとSさんと4人でビジネスラウンジに直行した。

成田空港第一ターミナルのスターアライアンスグループ共用ビジネスラウンジの食事の充実していることにまずは感激。ANAのビジネスラウンジよりも、ずっとよかったという印象だ。それにしてもSさんの食べること、食べること。その食べっぷりは、見事というしかない。この元気なら、どんな山も怖くない。山に行っていつも思うのは、「食べられる人は強い人」ということだ。山に行くとすっかり食欲が減退してしまう僕にとって、その見事な食欲は羨ましい限りである。エベレスト登頂を諦めた最大の理由は、右膝痛よりも山での食欲減退かもしれない。

ともかく全員お腹いっぱいにして、お昼12時ちょうど発のタイ航空643便に乗り込む。まずはバンコクだ。

バンコク到着は現地時間の16時半過ぎ。搭乗時間は6時間半少し。前年ラダック訪問のために利用したインド航空の飛行機はテレビモニター、リーディングライトともに故障していて、映画も読書も楽しめなかった。エンターテイメントなしの6時間越えエコノミー席はしんどい。その反省で今回はタブレットにネットフリックスから目いっぱい映画をダウンロードしてきている。見始めたらやめられない韓流ドラマのオンパレードだ。昼間のフライトだし、わりと楽にここまでやって来られた。

バンコクで2時間半ほど待って、今度は19時ちょうど発のタイ航空349便に搭乗して、一路イスラマバードへ。到着は現地時間の22時10分。時差は4時間なので搭乗時間は5時間ほど。搭乗時間帯は日本の真夜中なので基本的には寝て過ごす。

45年前、バックパックを担いではじめての海外旅行にでかけたとき、最初に降り立ったのは当時のパキスタンの首都カラチだった。最終目的地はロンドンだったのだが、南回りの最安値航空券はパキスタン国際航空のものだったので、カラチが経由地となったのである。考えてみれば、パキスタンは僕にとって生まれてはじめて訪れた海外の地なのだ。縁のある国なのである。

空港で現地の旅のコーディネートをしてくれた旅行会社（中山さんがいくつもある候補の会社から厳選したのだとか）のスタッフから熱烈歓迎を受ける。たくさんの花びらを包み込んでつくられた歓迎用のレイが美しい。まるでハワイに到着したみたいだ。夜も遅いので空港からイスラマバード市街地の宿泊先のホテルに直行。疲れ切っていたのですぐに眠りにつく。

# Day 2
5月30日

## イスラマバード ◀ スカルドゥ ◀ カリマバード

朝7時、ホテルからイスラマバードの空港に逆戻り。国内線のターミナルから北部山

岳地域、ギルギット・バルティスタン州のスカルドゥに飛行機で向かう。テロ警戒のためか国内線搭乗に対してもチェックは厳重。2時間半を空港で過ごして、11時半頃スカルドゥに到着した。

機内から見えたカラコルム山脈の黒と白の強いコントラストで彩られた山並みの美しさは息を呑むほどである。どこまで行っても山、山、山。それも標高5000、6000、7000メートル越えの高山ばかりである。8000メートル越えのナンガパルバットの雄姿も確認できた。以前にエベレストを見るための遊覧飛行に参加したことがあるのだが、この機内からの景色の方が圧倒的迫力である。

もともとはフンザにもっと近いギルギット空港行きの便に乗る予定だったのだが、出発1週間ほど前に突然キャンセルになってしまったのだとか。このイスラマバードと北部山岳地域を結ぶ航空路線はしょっちゅう欠航になるらしく、乗れるときに乗っておいた方がいいのだとか。まるでネパールのカトマンズからルクラ（エベレスト街道トレッキングの出発地）までの飛行機がなかなか飛ばないのと同じ（カトマンズで2日、3日の足止めは普通のこと）である。

でも今回の欠航は1週間以上前に決定されたもので、その理由はよくわからない。少なくとも天候が理由でないのは確かだ。軍事政権特有の政治的理由か、はたまた航空会社の運営上の理由なのか、真相は闇の中である。こんな風になんとなく理不尽なことが起こるとムスリムは必ず「インシアラー（神の思し召しのままに）」とつぶやく。ちなみにイスラマバードでの宿泊予定ホテルも出発前日突然キャンセルされたそう。こちらは3つ星ホテルから4つ星ホテルへの変更なので、歓迎すべき?突然変更。まさに「インシアラー」である。

まあ、それでもスカルドゥ行きの飛行機が無事に飛ぶことになってよかった。今回は足止めという選択肢はなく、飛ばなかった場合はイスラマバードからフンザまでバス移動（推定15時間以上）しなければならなかったのである。

スカルドゥは世界第2の高峰K2をはじめとする名峰揃いのカラコルム山脈の入口となる町だ。この地域（カシミール藩国に属していた）に住むバルティ族はもともとチベットに端を発している。チンギスハンに追われ、チベットからインドのラダックあたりを経て、ここに安住の地を築いたのである。いまだに中国のチベット、インドのチベット（ラダックなど）などと風俗習慣、言語などで繋がっている部分があるのだ。ネパール名物のモモはこの地域（スカルドゥだけでなく、ギルギットでも）食べるし、老人は漢字にも似たチベット文字を書くことができるという。古い建物にはチベット的な特徴を残しているものも多い。

ただ、宗教的には圧倒的にイスラム化が進んでおりチベット仏教の信者はほとんどいない（ラダックはほとんどがチベット仏教信者）。だからこそ、この地はインドとパキスタンの紛争の火種になったのである。英国からの独立時、ヒンズー教徒であったカシミール藩王はインドへの帰属をのぞんだが、ムスリムである住民のほとんどはパキスタンへの帰属を望んだからだ。

機内から降り立ったスカルドゥ空港の滑走路上は、軍事的に重要な空港の雰囲気が漂っていて、少し緊張感があった。でも空港の外に出れば別世界。イスラマバード空港と同様、現地観光オペレート会社による熱烈歓迎を受ける。再び花びらをたくさん詰めてつくられた筒状のレイを首にかけてもらい、頭にはバルティ族の伝統的な帽子であるバルティ帽（鳥の羽根がつけられていて、なかなかオシャレ）をかぶせてもらう。「スカルドゥにようこそ」

の垂れ幕と一緒に記念写真を撮って、さあ出発だ。

ここからは中山さんと10名の参加者、メインガイドのイッサさんと、サブガイドのアリーさんと運転手の13人で移動だ。

イッサさんは日本の有名登山隊と何度も行動をともにしたベテランガイド（60代）。思慮深く、落ち着いた雰囲気。なんでも受け止めてくれそうなやさしいおじ様（年齢的にはちょっと年下だけど）である。

アリーさんは現地オペレーター会社の社長の甥っ子（20代）。早口で流暢な英語を操る。好奇心旺盛、向上心いっぱいの若者である。

ちなみに社長の名前もアリーさん。親族なのに同じ名前。この国には同じ名前の人がやたら多い。アリーはパキスタン多い名前ランキングの2位。1位はカン、3位はハッサン、4位はアフマド、5位はムハンマド。僕の感覚的にはアリーが1番、ムハンマドが2番。カンさんって、会ったことない気がする。

トヨタ製の中型バスは快調に走る。飛行機便がギルギット着なら、フンザ（中心都市のカリマバードが今日の目的地）はもうすぐ鼻の先なのだが、スカルドゥからだとギルギットを越えて6時間余のバス旅となる。移動時間が長くなった分、スカルドゥからカリマバードまでの道程の景色を愛でるお楽しみも増えたと考えたい。

まずはインダス川沿いをギルギットに向かう。道路状況は想像していたよりもずっといい。デコボコの未舗装道路を、砂ぼこりをあげながら走るものだと思っていたので、このバス移動、けっこう快適である。走り出してから、何度もすれ違うのはド派手な装飾がほどこされたパキスタン名物のデコトラである。派手な装飾をしていないと取引先が信用してくれないのだとか。これでもか、これでもかという数のデコトラが走ってくるのである。デコトラは見ているだけで楽しい。運転手さんも自慢のデコトラが注目を浴びるのは嬉しいみたいで、パーキングスペースに停めてあるデコトラを覗き込んでいると「乗れ、乗れ」と運転席や助手席に招き入れてくれる人も多い。それにしてもその派手な装飾の費用で、もう何台かトラックが買えてしまえそう、と考えるのは僕だけだろうか。

バスはしばらく荒涼とした風景の中を進む。殺伐とした岩の厖大な集積である。

聳え立つ灰色や黄土色の高い岩壁のところどころにいくつもの穴が開けられているのが見える。これは宝石発掘のために開けられたものなのだとか。このあたりは観光と並んで宝石発掘が大切な産業なのだそうだ。

ギルギットを過ぎ、ラカポシの山容を遠くに眺めることのできるラカポシビューモーテルで小休憩。ラカポシの山容は薄い雲に隠されてよく見えなかった。見えたのは目の前を横切っていくジップラインを楽しむ観光客ばかりだった。ここで出されたサモアとミルクティーが抜群に美味しかった。単にお腹がすいていたからだけだったのかもしれないけれど…。

カリマバードの宿ルーミーホテルに到着したのは夜の20時過ぎ。建物全体の前面に広がる大きなウッドデッキのあるオシャレホテルである。あったかいスープ、ビリヤニ、焼きそば、酢豚風チキン炒めの夕食を美味しくいただく。海外旅行に出かけるたびに、痩せてしまう僕だが、初日の夕食は大丈夫。海外での食事が苦手なのではなく、同じようなメニューが続くと食欲がなくなるだけなのである。

夕食後、広場といっていいほどのウッドデッキで焚火が始まろうとしていたが、小雨が降り始めたのでそうそうに部屋に戻ってベッドに潜り込む。長い飛行機旅とバス旅でかなり疲れていた模様。あっという間に眠りについた。

# Day 3
5月31日

## カリマバード ◀ ドゥイケル

夜中に激しい雨音が聞こえていたので、今日は雨の中の観光を覚悟していたのだが、起きてみると晴れているではないか。扉を開けて外にでてみると、白く輝くラカポシ（標高７７８８メートル）が悠々とカリマバードの町を見下ろしていた。ラカポシの山容は巨大で東西20キロにもおよぶ。長寿の里フンザを代表する山の一つである。その存在感は圧倒的だ。

ラカポシビューモーテルからは、遠くにぼんやりとしか見えなかったのに、今は間近にはっきりと確認できる。山の名の由来は。諸説いろいろとあるようだが、ガイドのイッサさんによると「山の上に住む男（神様ではない）が、いつも家族のために竈に火をつけて食事の用意をしていて、煙が途切れることがないという伝説」から来ているのだとか。ラカポシは山の上に住む男のこと。それでラカポシは雲（煙）を被っていることが多いのだという説明だった。

ともかく、この朝はくっきりとラカポシが姿をあらわしたのは、とってもラッキーなことなのである。

北杜夫の名作「白きたおやかな峰」は、ラカポシのもう一つ奥、ディラン（標高7266メートル）登頂を目指す日本登山隊を題材とした物語だが、小説の中にたびたびラカポシも登場する。宮本輝の「草原の椅子」よりも、山の描写がずっと克明で、山好きの人なら、この小説に感化されてフンザの里を目指したという人の方が多いかもしれない。それほど印象的な山である。

朝食後、カリマバードの町の散策に出かける。最初にお邪魔したのは、「ハセガワメモリアルパブリックスクール」。ラカポシ同様、フンザを見下ろすように聳え立つウルタルⅡ峰（標高7388メートル）で命を失った登山家長谷川恒男の名を冠した私立の小中学校である。

長谷川は1977～79年にかけて、ヨーロッパアルプスの三大北壁（マッターホルン、アイガー、グランドジョラス）の冬季単独登攀に世界ではじめて成功した。この偉業は映画「北壁に舞う」にもなり、大きな話題となった。81年には南米アコンカグア南壁の冬季単独登攀にも成功。世界のトップクライマーとして名をはせる。

ただ、それ以降の挑戦はことごとく敗退で終わっている。84年のナンガパルバット南東稜、85年のエベレスト北東稜、90年のウルタルⅡ峰南西壁などである。91年には満を持して当時未踏峰の山では世界で3番目に高かったウルタルⅡ峰に再挑戦。雪崩に巻きこまれて帰らぬ人となる。享年43歳である。

遺体はフンザ渓谷内のベースキャンプ近くに埋葬され、その場にお墓もつくられた。その後、日本の登山隊によってウルタルⅡ峰が初登頂されたのは1996年のことである。この山はきわめて難易度の高い山なのである。

ハセガワメモリアルパブリックスクールは長谷川の妻だった昌美さんが中心となり、山を愛する多くの人たちから寄付金を集めて完成させたものだ。カリマバードに学校をつくることは恒男の念願でもあったという。

入口では副校長が僕らを迎えてくれて、施設案内を丁寧に行ってくれた。小中学校のそばには幼稚園も併設されており、基本的に授業は英語で行われている。英語教育に力が入れられているのは小中学校でも同じである。ちょっとした質問に小中学生たちは英語で答えてくれるのだ。中には日本語を学んでいる生徒もいて、日本語で話しかけてくれたりもした。子どもたちは誰も礼儀正しく賢そう。パキスタンの未来を担う若者をたくさん輩出していくに違いない。

最後に女性校長が登場。流暢な英語で丁寧な挨拶をいただく。ビスケットとミルクティーもふるまっていただいた。心ばかりのドネーション（寄付金）を置いて学校をあとにする。

カリマバードでは峡谷の斜面にへばりつくように建物が立ち並ぶ。その斜面にそって小さな道がいくつも繋がっていて、まるで迷路のようでもある。どこの家々の庭にもあんずや桃、リンゴ、桑（マルベリー）、アーモンドなどの果樹が植えられている。あんずやアーモンドの花（白や薄紅色）がいっせいに咲き誇る春、フンザは「桃源郷」となるのだろう。

野菜中心の食生活、そして完熟した果物（フンザでは完熟していない果物にはある種の毒素が含まれていると信ずる老人が多いという）をたっぷりと摂取することが健康の秘訣なのだとか。「桃源郷」は「不老長寿の里」でもあるのだ。

ここフンザのイスマイール派は飲酒の禁についてはかなり緩い。フンザパニ（パニは水の意。フンザの水とよばれるのは、この地でつくられたどぶろく、ワインのこと）を入手するのはそれほど難しくないらしい。もともと「禁酒」はコーランに書かれている教義ではないのだ。「酒は百薬の長」、フンザパニも長寿に一役買っているに違いない。

小道に沿って水路がつくられている。清流が流れているといいたいところだが、よく見ると白く濁っている。最初は生活排水に混じった洗剤なのかと思ったが、白い濁りの正体は、氷河の融水に含まれるシルト（きわめて細かい粒子の沈泥）なのだそうだ。

ほのぼの散歩ののち、到着したのはフンザの藩王の居城だったバルティットフォート。背後にウルタル峰、眼下にはフンザ川と緑豊かな集落が広がる高台に立っている。フンザ藩王がカリマバードの市街地に居を構え、城を出た後、イスマイール派の最高指導者によって1990年から6年に歳月をかけて観光用に修復されたものだ。現在は往時の伝統を偲ぶ博物館として利用されている。

入園料は1500ルピー（1200円くらい）。入口近くにある地下の牢獄、ステンドグラスの美しい居間（夏用と冬用あり）、チベット風の天井、古い調理器具、食器の展示された厨房、王族の衣装、写真など見どころいっぱいである。

建物の一番古い部分は13世紀のものであることが確認され、その歴史の重みが話題となった。15世紀のはじめにバルティスタン（スカルドゥ地域）から王女を迎えるにあたり、この城の改修、装飾はバルティスタンの職人が引き受けることになった。当時のバルティスタンはチベット王国の一部。結果、この城にはチベット建築の影響が色濃く残されている。

フンザ藩王国は第2次世界大戦の後、パキスタンに帰属したものの、自治権を持ったフンザ藩王による治世は1974年まで続く。フンザは「弓矢を持つ人」の意味で、その藩旗には弓矢が描かれている。フンザの人々は簡単にはパキスタン政府に組み込まれることがない強い戦闘能力と自立心を誇っていたのである。

川を挟んだ向こう側のナガル藩王国とはずっと敵対状態。気分的には現在でもその状態が続いているらしい。表面的には仲よくしているけれど、フンザとナガルの出身者の婚姻関係が成立するのは難しいだろうと、ガイドのイッサさんは言っていた。まあ、同じイスラム教徒とはいえ、「派」が違うのだ。結婚が難しいのは仕方ないことなのかもしれない。

さて、お城観光のあとは、カリマバードのメインストリートに出てショッピングタイム。一番のお目当てはドライフルーツ。日本でもフンザ産をウリにしているドライフルーツがいっぱい売られている。質が高くて安くて美味しい。味見し放題に参加者のほぼ全員が群がり、女性陣の多くは大量購入に至ったようだ。僕も、日本では見たことのなかった柿のドライフルーツを2袋、200ルピー（120円ほど）だけ購入。これがトレッキング時のおやつとなり、重宝した。それと雑貨屋で折り畳み傘1500ルピーも入手。傘は最後にザックに入れようとして、自宅の玄関先に置き忘れてきたのだ。雨はそれほど降らないということだったが、ここで買っておいて大正解。この後、けっこう雨に降られるのである。

あとのめぼしいお土産候補は、フルーツジャム、あんずのオイル、デコトラのミニチュアのおもちゃ、フンザ帽やシャワールカミースなど伝統的な衣装など。可愛い刺繍がいっぱいの服もたくさん店頭に飾られていた。実は僕、伝統的な衣装や靴というやつが大好きで、ネパールでもラダックでも購入している。でも、旅は始まったばかり。ここはグッと我慢する。

遅めの昼食後、行く予定だったが（学校訪問で時間がなくなってしまい）、諦めることになったフンザのもう一つのお城（アルティットフォート）をバスの車窓から横目に見つつ、今夜の宿泊先ドゥイケル村に向かう。アルティットフォートは、対岸のナガル藩王国を牽制するためにフンザ川のそそり立つ崖に建てられた。城内は外部からの侵入者を自由に動けなくするため迷路のようになっているのだとか。フンザは「風の谷のナウシカ」のモデル地として有力視されている地の一つ。当然、このお城もそのモデルの一つと目されている。バスからの下車観光ができず、少し残念。

ドゥイケルに向かう途中、カリマバードと氷河をのぞむ展望地に寄る。真っ白に輝くラカポシと緑鮮やかな整備された畑地のコントラストが美しい。その反対側には白と黒のコントラストが強烈な氷河が流れている。パキスタンの北部山岳地域は、世界一高山比率の高い場所。そのほとんどが高山と氷河で構成されている。いよいよ山の旅の始まりだ。

ドゥイケルは標高３０００メートル近く、ラカポシ、ディラン、スパンティーク（標高７０２７メートル）、ウルタル、フンザピーク（標高６２７０メートル）、レディフィンガー（標高５９８５メートル）などを見ることのできる屈指の展望地である。

村のホテル、イーグルネストホテルに到着後、すぐに夕焼けに染まる山々を見るために全員でホテルの裏山に登る。真っ赤には染まることはなかったが、黄金色の光が山々の頂を包んでいく。眩く金色に輝くディラン山頂のなんと神々しいことか。ゆっくりと闇に沈んでいくカリマバードの町も幻想的だ。日没は20時過ぎとなった。

# Day 4
6月1日

## ドゥイケル◀クンジュラブ峠◀パスー

イーグルネストホテルの部屋はずらりと横並びでラカポシの方に窓が開かれ、ベランダがつくられている。目覚めてカーテンを引いた瞬間に純白のラカポシの絶景が目に飛び込んでくる。昨日夕焼け鑑賞をした同じ裏山に朝焼けを見に出かける。

見えている山は、ラカポシ、ディラン、スパンティーク、ウルタル、フンザピーク、レディフィンガーと同じだが、空気感が違う。朝の静寂、青い空気が漂う。クールだ。大きな空と山々、広い大地、すべてが朝特有の藍色の光で染まっている。やがて、ラカポシがピンク色に染まってきた。そして時間とともに輝く純白へとその姿を変えていく。

大満足の朝焼け鑑賞を終えて、ホテルを出発。大規模な地滑りでフンザ川がせき止められてできたのが、アッタバード湖（全長は20キロ、深さは100メートルにおよぶ）。この湖畔のリゾート地を通過すると、前方正面には、ギザギザの頂がいくつも並ぶ針峰群が見えてきた。上部フンザのゴジャール地方と呼ばれる絶景地である。バスの窓から氷河も見られるようになった。まさにここはパキスタン北部山岳地域の最深部である。

バスは、今夜の宿泊先であるハイウェイ沿いのホテルで、いったん荷物を降ろし、しばしの休憩をとる。ここからはカラコルムハイウェイをひたすら北上、中国との国境であるパミール高原のクンジュラブ峠に向かう。

カラコルムハイウェイは中国ウイグル自治区のカシュガルからギルギットまでをつなぐ大幹線道路である。この道路はパキスタンと中国両政府によって建設が始まり、建設開始から20年を経た1978年に完成した。難工事で建設中には多くの犠牲者を出したことでも知られる。ギルギットからの延長道路はアポッターバードのハヴェリアンまで続き全長1300キロにもおよぶ。その先の道路も整備されており、イスラマバードまで比較的快適なクルマ移動が可能となっている。このハイウェイが古代のシルクロードをイメージしてつくられていることはいうまでもない。

インドと対立関係にあるパキスタン、中国両国にとっては輸出入の経路としてだけでなく、軍事的にも重要道路である。特に中国にとっては、アラビア海に面したパキスタンの港は、中東、アフリカと繋がる重要拠点なのだ。

さて、バスはクンジュラブ峠の手前にあるパキスタン側最後の町ススト で休憩をとる。小さな町だが看板が中国語で書かれた店がけっこう多い。店には申し訳程度に中国製の衣料品や雑貨が並べられているのだが、なんとなく活気がない。中国人の顔も見当たらない。

昔は中国製衣料品、雑貨が大量に積みあげられ、中国人の行商人でごった返していた町だったそうだが、今は見る影もない。パキスタンの現軍事政権と中国政府の関係が冷え込んでいるかららしい。それでも、国境を超える中国行きのバスはここから出発する。再びパキスタンと中国の蜜月時代はやってくるのだろうか。

　ススト を出たバスはしばらく走るとクンジュラブ国立公園入口の管理事務所前で止まった。ここから先は外国人観光客一人につき40ドル（あるいは12200ルピー。冷静に考えたらルピーで支払った方が少しお得だった）が徴収される。とんでもない円安の中、ここまではこの国の物価の安さに助けられていたので、突然の入園料40ドルには少々面を食らった。とはいっても拒絶の選択肢はない。参加者全員なけなしの40ドルを差し出して、公園内へと進んでいく。

　公園内に入ったからといって風景が一変するわけではない。今まで通りの荒涼とした風景がしばらく続く。高度があがってきているので木々の緑が極端に少なくなってきている。そこに突然望遠鏡や双眼鏡で右岸の山の中腹を眺めている地元住人がポツリ、ポツリとあらわれ始めた。「この人たち、なにしてるの？」と疑問が頭に浮かんだとたん、バスがその人たちの前で停車した。

　どうやら、山の中腹にいるアイベックス（高山地帯の岩山に暮らすヤギ）を望遠鏡や双眼鏡で見せてくれるらしい。アイベックスが見られるかもしれないということで、僕たちは車窓から目を凝らして峡谷の両側の山肌を見続けていたが、肉眼で発見するのは容易ではない。今まで1頭も発見できていなかった。岩肌の色とアイベックスの色が似すぎているのだ。自然界で生き残るために保護色は重要アイテムなのである。

バスを降りて、「あそこにいるよ」と教えてもらっても、さっぱり見つけることができない。ところが望遠鏡を覗かせてもらうと、そこにアイベックスは確かにいるのだ。しかも群れでいる。不思議なことに一度認識すると肉眼でも見ることができるようになる。遠くに小さく見えるだけだが、野生のアイベックスとの出会いに一同大いにはしゃぐ。

当然、望遠鏡のおじさんたちはチップ目当てだと思っていたのだが、要らないという。なんという親切な。僕が「入園料40ドルは高いんじゃないか」と不満をもっていたことを見透かされたのだろうか。ただ、感謝あるのみ。ありがとう！

ところが、バスがもう少し上流に進むと野生のアイベックスが次から次へとあらわれ始めた。しかも、遠い山の中腹ではなく、すぐ近くの川の対岸を群れをなして歩いていく。岩山の崖で移動しやすいように足は太くて短い。二つに割れたひづめも特徴的である。距離が近くなったので細部まで観察可能だ。

こうなると、人は現金なものだ。さっき撮ったゴマ粒みたいに小さく写っているアイベックスの写真はすぐに消去。新しくあらわれたアイベックスにみんな夢中だ。親切なおじさんたちに抱いた感謝の気持ちもあっという間にどこかに消えていった。まあ、いずれにしても見られるかどうか微妙といわれていた野生のアイベックス（かなり珍しい別種のヤギ、マルコポーロには会えなかったし、超希少種のユキヒョウにも会えなかった）に会えたのだからめでたし、めでたしである。

時期的に5月、10月、11月あたりが野生動物に会える確率が高いのだそうだ。

いくつものヘアピンカーブを経て、カラコルムハイウェイをさらに進んでいくと、見渡す限り白い雪をかぶった山ばかりになる。中国との国境に聳えるパミール高原の山々である。標高は４０００メートルを越えている。高山病に弱い人ならかなり気分が悪くなってくる標高だ。それでも人々の生活はある。草原と雪原がまだらになった山麓に牛やヤクたちが放牧されている。ときおり、草むらの岩陰からマーモットが顔を見せ、ホイッスルのような警戒音を発している。

いよいよ最高到達地点、標高４６９３メートルのクンジュラブ峠に到達である。舗装道路があり、車で通れる国境としては世界最高標高の地である。峠付近には広大な草原が広がっていて、国境をしめす記念碑が建てられている。パキスタン側にはイミグレーションや税関の建物のほか、有料トイレ（一人100ルピー）や「世界最高地点」の看板がつけられたATMなども設置されている。冬期は峠が雪でおおわれてしまうため通行止めになる。

ここは分水嶺でもある。パキスタン側に下る川はすべてインダス川などを経てインド洋に注がれる。一方中国側の川はすべてタクラマカン砂漠へと注がれるのである。ここから中国側のカシュガルまで420キロ、パキスタン側のギルギットまでは270キロ、イスラマバードまでは870キロある。ちなみにパキスタンのクルマは左側通行。中国では右側通行。国境を越えると反対側の車線を走らなければならない。

国境施設の建物群も興味深い。パキスタン側の国境施設はいかにもものものばかりだが、中国側の国境検問所は王宮の門のようなやや大げさな建物である。こちらは近づけば近づくほど、共産国家特有のピリピリ感が伝わってくる。それに対してパキスタン側はフレンドリーな雰囲気。僕たちは、顔は怖いけれど根はやさしそうなパキスタン側の国境警備兵と記念写真をとってクンジュラブ峠に別れを告げる。

ススト《ヽ》の町のカフェレストランで遅めのランチタイム。途中のガソリンスタンドで給油を2件連続断られ（売り切れ?）、今夜はガス欠で目的地に着かないのではないかと、心配したが、パスー村のアンバサダーホテルには無事18時頃到着。夕飯はほぼ毎日似たメニューが続く。野菜カレー、野菜と肉の炒め物、ビリヤニなど。徐々に食欲が減退していることを自覚する。

# Day 5

6月2日

パスー
◀
パスー氷河
◀
ミナピン

ホテルの前には真っ赤なバラが植えられている。その向こうにいくつもの見事な針峰群が聳え立つ。氷河のつくりだした独特の景観である。

ホテルから徒歩でパスー氷河を目指して朝8時半に出発。裏木戸のような扉を開けて、トレッキングコースに入る。好天。青空と黒と灰色の山々のコントラストが美しい。爽やかな風が吹き抜ける気持ちのよいトレッキングコースである。道端には棘のあるバラ（バラは西洋風の花のイメージだが、最初に栽培されたのは紀元前500年頃の古代中国周王朝）の原種であろう花が咲き乱れている。ピンクの花は可愛らしいが、棘は痛い。

山道を黙々と歩き続けるとパスー湖が見えてくる。その湖を左手に見ながらしばらく進み、大きな岩がいくつも転がっている個所を乗り越えると川岸に出る。この川を上流に向かってしばらく進むとパスー氷河がだんだん大きく見えてきた。

遠くに見える氷河は白いが、手前の氷河は黒または灰色である。この黒と灰色の氷河にはたくさんの割れ目ができていて、そこから勢いよく雪解け水が流れ出ている。この融水には多量のシルト（細かい粒子の沈泥）が含まれているのだ。見た目には無色透明だが、川の水をペットボトルに汲んでしばらく置いておくと、ペットボトルの底に泥がたまってくる。イッサさんはこのペットボトルの上澄みを平気で飲む。なんとなく気持ちが悪い気もするが、考えてみれば、このあたりでは、飲料用としてだけでなく、料理にも氷河の融水をつかっている。気にしてもしようがない。そういえば、僕もヨーロッパアルプスのトレッキングでは、飲料水が足りなくなると、川の水を飲んでいた。あの川を流れている水だって氷河の融水に違いない。あの水にもシルトは含まれていたのだろうか。

さて、話をトレッキングに戻そう。ここまでは順調に歩いて来たのだが、ここで立往生することになった。ここから先の安全なルートが容易に見つからないのである。ガイドのイッサさんもこのコースにやって来たのは何年かぶりらしい。氷河が想像以上に後退していて、進もうと考えていたルートが消えてしまっているというのだ。

正面突破は無理そうなので、まずは、岩と小石がゴロゴロ転がっている川岸側の急斜面をよじ登り迂回路を探す。イッサさんも中山さんも、可能性のありそうなルートをいくつか試登してみるが、僕たち全員が安全に登れそうなルートは見つからない。しばらくチャレンジを続けたが、最後はとうとう諦めることになった。

氷河の上まで登れて、奥まで歩けたら（かなり距離があるので、苦労して氷河の上まで行けたとしても、到達は難しいという判断もあった）、平出和也ゆかりの山シスパーレ（標高７６１１メートル）の雄姿をのぞむことができたらしい。残念である。ちなみに移動中のバスの車窓からは遠くにシスパーレを拝むことはできた。

川岸の居心地のよさそうな岩の上で、少し長めの日向ぼっこをしてから、帰路に就く。帰り道もバラの原種の棘に悩まされたものの、吹く風は爽やか。やはり気持ちのいいトレッキングコースである。ホテルに戻って荷物をバスに積み込み、次の目的地ミナピン村へと向かう。

それにしても地球温暖化による氷河の消滅は、すごいスピードで進んでいるようだ。ここに限らず、ツアー中、氷河のあるどんな場所でも「僕が子どもの頃は、ここまで氷河だったのに」「ここ10年ですっかり景色が変わってしまった」なんて話ばかりを聞かされた。「数年前まではあそこまで氷河だったのに」という場所には氷河があった頃の痕跡がはっきりと残されている。僕たちが地球上に存在するようになってからのわずか数十年で目に見える変化が起こっているのだ。なんだか、申し訳ない気分になってくる。

パスーから、フンザの藩王の別荘があった村グルミットを抜けてアッタバード湖へ。

途中、パスーの象徴ともいえる山、通称カテドラルの展望地で一休み。パスーの宿泊地の目の前がカテドラルだったのだが、やはり左右対称に見える正面位置からの方が、よりカテドラル（大聖堂）の姿に近づく。カテドラルのなかの最高峰はトポップダン（標高6106メートル）である。ここで参加者全員たっぷり記念写真タイムを楽しむ。

ランチで訪れたアッタバード湖畔のレストランはとんでもなくオシャレ。料理のレベルでいえば、ここまでのツアー中、ダントツの1等賞である。なんども食べてきたカレー、ビリヤニも一味違う。どれも一工夫がされている料理なのである。なにより、魚料理がはじめて供されたことに感激。焼きトラウト（鱒）のホワイトソース添えである。絶品ではないか。

イッサさん、行く先々で知り合いだらけなのだが、このレストランのシェフとも仲がいい。どこかの大使館でメインシェフを務めていたご仁らしい。感激のあまりシェフとも記念写真をパチリ。

大満足のランチで気分は上々。再びカリマバードを通過。ここで希望者のみ、スマホのSIMカードを購入。これでWi-Fi環境がないところでも、スマホ利用が可能になる、というわけだ（もちろん、深い山の中では利用不可）。ただ、このＳＩＭ購入に少々時間がかかってしまい、バスの中で待っていたＳさんが体調を崩す。もともとクルマ酔いをするらしく、常にバスの前の方の席に陣取っていたのだが、ＳＩＭカード購入の間、ドライバーが冷房を切ってバスを離れてしまったので、暑さにやられてしまったらしい。ちょっと心配。

バスはこのあと、とんでもない悪路をアクロバットのようにくぐり抜け、今夜の宿泊先ミナピン村のディランゲストハウスに無事到着。

このディランゲストハウスが驚きのホテルだった。入口の間口は狭く、門構えもみすぼらしい（失礼）。名前から想像しても、入口の建物から想像しても、こぢんまりとした山小屋なのだと思っていたのだ。ところが、敷地内の奥に進むと、大きな敷地が広がっていた。きちんと手入れされた広い庭にはバラをはじめとする色とりどりの花が咲き乱れ、たわわに実のなったチェリーの木が立ち並んでいる。テラス席の並ぶ中庭には噴水まであるではないか。サービスで提供された炭酸飲料もちゃんと冷えていた。熱いお湯でシャワーも浴びられそうである。夕食も合格点。洗濯もした。

このホテルで英気を養い、明日からはいよいよ本格トレッキングのスタートである。

# ミナピン◀ハパクン◀ラカポシBC

## Day 6

6月3日

　ホテルでの朝食は、昨晩の夕食と同様、中庭にしつらえられたオープンエアーのテラス席。山の朝は爽やかだ。名物だという特大卵焼きが美味。8時半、少し気分がハイになったところで、今日の目的地ラカポシBCに向かって出発する。

　村の道を山に向かって進んでいると、登校途中のたくさんの子どもたちとすれ違う。誰

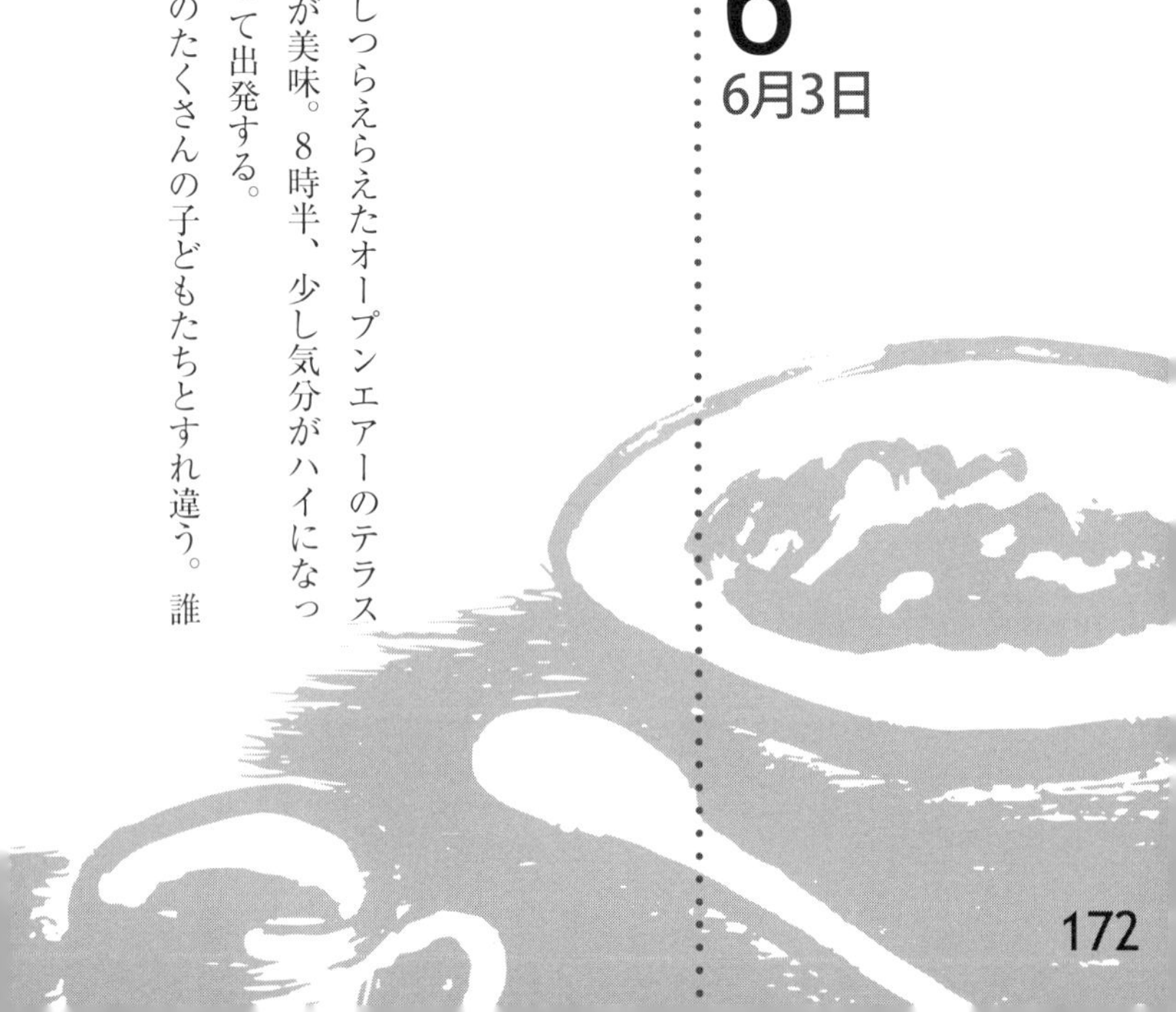

もが多少はにかみながらもにこやかに挨拶をしてくれる。ますます気分は晴れやか、気持ちは昂る。昨日までは普通の観光旅行だった。これからが本格的な山登りなのだ。

標高2029メートルのミナピン村から、標高3261メートルのラカポシBCまで、標高差1200メートルほどのロングトレイルである。しばらくちゃんとした山登りをしておらず、丹沢塔ノ岳では足がつり、鈴鹿セブン縦走では途中リタイアをしてしまった僕は、果たして完歩できるのだろうか。不安を感じながらも、一歩一歩足を踏み出す。朝、秘密兵器の山下り専用の膝用テープを貼り。強力痛み止め薬も貼付した。僕なりに万全の構えである。

しばらく緩やかな坂道が続く。膝は辛くはないが、ともかく暑い。少しでも日陰を選んで歩きたいところだが、太陽はどんどん真上にのぼっていくので日陰はなくなるばかりだ。昨日のパスー氷河トレッキングは、氷河からの涼しい風が吹いていたが、こちらは強い日差しがジリジリと肌を焼いていく。

眼下に見える緑に囲まれたミナピン村の美しい集落がだんだんと小さくなってきた。ところどころにまっすぐ空に向かって立っているのはポプラの木だ。美しい樹形に心が和む。この落葉樹、細く直立した樹形が特徴である。残念ながら、木質はやわらかで燃えやすく建築資材としては使えない。北部山岳地域の乾いた岩肌の険しい崖や尾根の上にはえているのは、ポプラの木ばかりだ。厳しい環境に強い木なのだろう。

ゼイゼイ、苦しみながら山道を登っていると荷物を運ぶロバや馬がポーターさんたちとともに涼しげな顔で追い越していく。エベレスト街道トレッキングでは、ポーターさんたちが、人力で運んでいたものをここでは動物たちが運ぶ。あっという間に追い越し、あっという間に消えていく。地元の人たちの圧倒的な脚力に少しへこむ。

あとでラカポシのベースキャンプにたどり着き、運ばれた荷物の総量を知って驚いた。個人用テント10張り、トイレ用テント、食堂用テント、厨房用テント、厚手の就寝用マット10個、12人が1度に食事ができる大型テーブル、折りたたみ椅子（キャンプ用のものではなく普通の事務用椅子。いかにも重そう）12脚、調理用の大型ガスコンロ2個、ガスボンベ、調理器具、食器、生きた鶏3羽を含む大量の食材、1.5リットルのペットボトル数10本、お湯提供用の大型ポット2個、洗顔手洗い用の蛇口付き大型ボトル、トイレットペーパー、ティッシュ、ツアー参加者12名分のダッフルバック12個（一人15キロ程度）

などなど。これらは僕が目にしたものだけで、実際は他にも荷物はあったのだろう。驚異的な物量である。これらを22人のポーターさんたちとロバや馬が、標高３２６１メートルまで運んでくれたのだ。

スタートから1時間くらいのところで、昨日から体調不良を訴えていたSさんが、いよいよダウン。腹痛に苦しみ始め、遅れ気味になってきた。彼女にはイッサさんがつきそうことになり、残りのメンバーは中山さんが引き連れて行くことになった。サブガイドのアリーさんは荷物運びの指揮をとっていたからだ。

いくつかの分岐点があり、そのどこかで間違った道に迷い込んでしまったみたいだ。途中でそれが目的に向かう山道ではなく、放牧地につながる私道であることに気づき、引き返す。中山さんにとってもはじめての山である。早々と間違いに気づいたのは経験値のなせる業だったのだろうか。それとも野生の勘というやつだったのだろうか。早く気づいてよかった。それほど時間のロスもなく、元の道に戻ることができた。

歩き始めて3時間余、それまで比較的緩やかだった山道が、急登になってきた。午前中最後の頑張りどころである。久しぶりの本格的な山登りで、かなりしんどくなり始めていた午後0時40分過ぎ、ランチ休憩をとるハパクン（標高2804メートル）にたどり着く。ここはレストラン施設、宿泊施設（どちらもテントだけど）もある展望地である。牛や羊も放牧されていて、なんともほのぼのとした空間だ。Sさんも途中で追いついてきた。全員拍手で出迎える。

1時間ほど、ゆったりとした時間を過ごし、最終目的地ラカポシBCに向かって出発だ。

体調のすぐれないSさんは大事をとって、ここにとどまり宿泊、翌日合流ということになった。ここからの山道はかなり厳しい。登っても登っても目的地が近づいて来ない気分になる。とんでもなく登ったと思って時計を確認すると、まだ1時間しか登っていないことがわかりガックリくる。

まあ、それでも登り続けている限り、終わりはやって来る。2時間ほど登るとラカポシの姿見えてきた。ここからは登れば登るほどラカポシの姿が大きくなっていく。これが励みになるのだ。

2時間半登った休憩地点で、山道から少し離れた尾根に立った中山さんが「みなさん、こちらの尾根の方まで登って来てください」とツアー参加者を手招きする。なにごとだろうかと、全員尾根に向かって急ぎ登っていく。「ああっ！」と最初に大きな声を上げたのはJさんだ。最初は誰かが滑落したのではないかと驚いたのだが、尾根までたどり着いたメンバーが発するのは、どれも感嘆の声ばかりである。

僕がその尾根にたどり着いた最後の一人になった。尾根の向こう側を覗き込んで、僕も思わず驚きの声をあげた。「ああっ、すごい！」。まさに息を呑む美しさである。壮大な氷河の広がりの向こうに真っ白に輝く山々。ラカポシからディランへと続いていく山並みの絶景である。

Yさんは「生きていて、よかった！」と叫んで、涙ぐんでいる。僕だって同じような気持ちだ。この光景を見た瞬間に参加者の全員が「ここまで来て、本当によかった」と思ったに違いない。この風景をバックに興奮気味に写真を撮りまくる。

さあ、ここまで来れば目的地はもう目と鼻の先である。足取りも軽くなった。ベースキャンプの手前に、崖にへばりつくように歩かなければ通れない、やや危険な狭い道があったのだが、女性陣もガイドさんやポーターさんたちの手を借りて、難なくクリア。

ラカポシBCは、小川の流れる、気持ちのいい空間である。すでにポーターさんたちによって、食堂用テント、厨房用テント、トイレテントなどは張り終わっている。個人用テントはなんと一人1張り、用意されるという。中山さん、Kさん、Sさんは日本から自分のテントを持参。大学山岳部出身、山屋のJさんは、テントは持参したもののポールを忘れてしまい借りたテントでご就寝ということになった。彼の荷物は他のメンバーに比べて圧倒的に軽くて少ない。寝袋も持参しておらず、シュラフカバーで寝るつもりなのだとか。

これは、あとで「さすがに寒かった」と言ってはいたけれど…。

僕にとっては、はじめてのテント宿泊経験だが、山経験の豊富な参加者全員から「これが、一般的なテント生活だと思ったら大間違い。ここは恵まれすぎている」と釘を刺された。確かにテントはスタッフが張ってくれるし、2～3人用の広いテントを一人で使用、食事はシェフが用意してくれるし、片づけもしなくていい。快適すぎる。これでは、まるで王侯貴族の生活ではないか。

とりわけ同行したシェフの料理の美味しいことに大いに感謝する。彼らは、日本人の登山隊に何度も同行したことがあるそうで、日本人の好みを熟知しているようだ。肉料理（いつの間にか鶏が1羽消えていた）、焼きそばの味付けは僕好み。いままで食べてきたパキスタン料理もけっして悪くはなかったけれど、ここの食事は最高。サラダにリンゴやパイナップルが入っているとかいうのも洒落ている。デザートはもちろん完熟マンゴーとチェリーである。これなら日本から持参のフリーズドライ食品は必要ないかもしれない。

テント宿泊はじめての夜。疲れていたので早々と寝袋に潜り込む。星空は最高に綺麗だったみたいだが、そのお楽しみは翌日の夜にとっておくことにした。

# Day 7

6月4日

ラカポシＢＣ◀ミナピン氷河◀ラカポシＢＣ

人生初のテント泊に朝がやって来た。心配していたことは三つ。一つは、標高３２６１メートルの寒さである。一昨年の11月、エベレスト街道の４０００メートル越えの山小屋では室内でペットボトルの水が凍ってしまうほど寒かったのである。昼間はTシャツ１枚でも汗だくになる暑さだというのに、夕方になると冷たい風が吹き始め、夜明け前には氷点下10度以下になった。夜になると室内での着替えでもブルブルと震えあがってしまう。寒さで体調を崩す人が続出したのだ。

6月、3000メートル越えのパキスタンはどうなんだろうか。氷河も近いしけっこう冷えこむのではないかと心配していたのである。

エベレスト街道での教訓から、カトマンズで安いけれどしっかりとした作りのオーバーパンツを購入しておいたのが、ここで役立った。ラカポシBCも夕方からグッと気温が下がって来るのだが、オーバーパンツを履いているとまったく気にならない。就寝時もユニクロのウルトラライトダウンを着たまま寝袋に入ったら、テントの中で寒さを感じることはなかった。気温も氷点下までは下がらなかったようだ。

二つ目は、コンタクトレンズの装着の心配である。僕は両目とも視力が0・01以下というド近眼なのだ。戦国時代に生まれていたら、役立たずとして葬り去られていただろう。

この視力だと、メガネはまさに牛乳瓶の底のようなレンズとなり、長時間かけていると頭がクラクラしてくる。コンタクトは必須である。しかも、僕はソフトコンタクトの着脱が苦手で、ハードコンタクトを使用している。このハードコンタクト、着脱時によくどこかに飛んでいってしまう。自宅の明るい洗面所の大きな鏡の前でも、どこかに飛ばしてコンタクトを失くしたことが何度かあるのだ。エベレスト街道の薄暗い洗面所にはたいてい鏡がなく、コンタクトの着脱に難儀したのである。

　このコンタクト着脱問題は、持参の大きな携帯鏡をつかい、まだ日が暮れていない明るい屋外で着脱することによって解決した。どこかに飛んでいっても、明るいうちなら探し出すことができる。もちろん予備のコンタクトも2組用意しておいたのだけれど…。

　三つ目の心配が最大の心配、トイレ問題である。50代の声を聞いてから、夜中のトイレの回数が断然増えた。多くの高齢男性が悩む前立腺肥大が原因だ。薬を常用するようになって、夜中トイレに起きるのは1回でおさまるようになっているのだが、寒いところではそうはいかない。2度、3度とトイレに行きたくなって起きることになる。そのたびに寝袋から這い出て、ヘッドライトをつけ、牛の落とし物に気をつけながら遠くのトイレまで歩いて行かなくてはならない。

　話は少し脱線するが、ラカポシをのぞむこの居心地のいいベースキャンプ内にもたくさんの牛の落とし物が点在している。テントを張るときも、この牛の糞を避けつつスペースを確保しなければならなかった。ラカポシＢＣの奥にある草原にも牛は放牧されているのだ。

ラカポシＢＣの手前の、あの崖にへばりつくように歩かなければ通れない狭い道を、どうやって牛が通り抜けて来るのかは謎。

僕が「ベースキャンプの中くらい、牛の立ち入りを禁止にすればいいのに」とぼやいていたら、Ｋさんに「もともと、ここは山で生活をしている人たちのもの。登山をしている人は、そこを使わせてもらっている立場なのだから、そんなことを言っちゃいけないよ」とたしなめられた。そう、Ｋさんの言う通りだ。王侯貴族のキャンプ生活をしていたので不遜な考えに陥ってしまったのかもしれない。反省、反省。

話をもとに戻そう。寝袋を抜け出して、夜中に何度かトイレを往復するのは、僕が気持ちを強く持てばいいだけだから、大きな問題ではない。一番心配なのは、地面に穴を掘っただけのトイレ、つまりは和式トイレでちゃんと用を足せるかである。子どもの頃は和式トイレしかなかった。はじめて洋式トイレと出会ったのは中学生のとき、大阪万博を見にでかけた大阪のホテルだ。使い方がわからず、最初は洋式トイレの上にのってしゃがんだという恥ずかしい思い出もある。

ところが今では和式トイレが大の苦手。しゃがんだ状態を維持するのが苦しい。日本の山小屋なら和式トイレに身体を支えるための取っ手とかがつけられている。取っ手がなければ、足が痺れてきて、後ろにひっくり返りそうになる。つまり長時間踏ん張ることができない。

それで、ここまでの旅行中に自分なりにコントロールしようと頑張っていたのは毎朝決まった時間に用を足すこと。なにしろ短時間しか踏ん張っていられないのだ。でもまあ、これはなんとかクリアすることができた。山男はまさに「快食快便を旨とすべし」である。

さて、今日の行程は当初、天気がよければミナピン氷河を渡り、ディランBCまで行って帰って来るというものだった。天気は最高！でも、このプランにイッサさんが難色を示す。現時点ではディラン登頂を目指す登山隊がベースキャンプに1隊も入っておらず、安全なルートが開拓できていないというのである。しかもラカポシBCからディランBCまではかなりの距離がある。往復すれば丸一日を費やしても厳しいとも。中山さんも同意。ということで、氷河トレッキングはランチまでにベースキャンプに帰って来るショートコースに変更された。高山病気味でやや元気のなかったYさんは不参加。ベースキャンプでのんびり過ごすことを選択。昨晩ハパクンに宿泊して元気を取り戻したSさんが朝食時には登って来ていて、参加することになった。

一行は、ベースキャンプからラカポシに向かって朝10時の遅い出発。尾根を越えて氷河にゆっくりと下りていく。パスー氷河の上を歩くことはできなかったので、テント泊に続いて人生初の氷河体験である。氷河は白い牙をむき出しにした海原のようだ。あいかわらず、氷河の向こうに輝くラカポシとディランが美しい。まるで白い妖精のようでもある。

その美しい造形も氷河がつくり出したものなのだ。

北杜夫は著書「白きたおやかな峰」の中でディランのことをこのように表現している。少し長くなるが引用させてもらおう。まるで北杜夫はディランに恋をしているかのようだ。

「ディランが真白な全身を恥じらいもなく露わにして、彼方に、遥か右前方に聳えたっていた。なんという完き純白の姿。それは、雄大で彼らを威圧するというより、優雅な女性として一同をさし招くかに見えた。まったく白かった。どこもかしこも白かった。あくまで濃藍の空が、その白さをいやがうえにも強調し、ディランはお伽の国の魅惑にみちた特別製の砂糖菓子のように眩ゆく光り輝いた。裸身をむきだしにして一同をさし招く純白のあえかな美女」

なんか自分の文章に酔いしれているくらいの力の入れようではないか。Ｊさんはこの「白きたおやかな峰」の一部分をコピーしてきていて、何度も読み返しては思いにふけっていた。

山屋さんにとっては、たまらなく魅力的な山なのだろう。この引用部分、僕はＪさんにその場で読ませてもらった箇所だ。

ちなみに、１９６５年北杜夫が参加した日本隊の挑戦は敗退に終わっている。

大作家がこれだけ力をこめて描写しているのだ。僕から付け加えることはない。

僕は氷河の上を歩かせてもらった感想を書こう。氷河といえばクレバスである。

僕は高所恐怖症気味で、エベレスト登山のような映像の中で深いクレバスに脚立を架けて渡っているシーンを見るだけで足がすくむ。でも怖いもの見たさで、深いクレバスを覗き込んでみたいという願望もあった。氷河好きのＡさん、Ｎさん夫妻はニュージーランドでロープにぶら下がってクレバスの奥深くまで潜った体験があるとか。僕にとっては羨ましいような、そうでもないような体験である。

でも、今回の氷河体験はショートコース。コース上には、人が落ちる心配のない小さな

クレバスしかなかった。これはこれで残念なような残念でないような複雑な気持ちになる。ただ、小さなクレバスでも除き込むと奥に青白い氷が見える。そう、氷河は青白く見えると魅力倍増なのだ。なんか嬉しい。

それぞれがそれぞれの楽しみ方で2時間ほどの氷河トレッキングを楽しむ。氷河の怖さを知るＪさんやＫさんはあまり奥まで入って来ない。安全なルートが確定していない場所に踏み込むのは気が進まないらしい。氷河大好きのＮさん、Ａさん夫婦、それに僕とＳさんははしゃぎながらイッサさんが案内してくれた最深部まで進む。

午後、美味しいランチのあとは全員自由時間。僕は持参のタブレットで続きが気になってしょうがない韓国ドラマで時間をつぶす。本当に山好きの他メンバーは魅惑的な山に囲まれてのんびりできるのが至福のときのようである。日がな一日、山や氷河を眺めてまったりしている。歯科衛生士にしてヨガインストラクターでもあるＭさん指導のもと、ヨガ教室も昨日に続いて開講。高い青空、白い山々を見ながらのヨガが心を解放してくれる。素直に気持ちがいい。

高山病気味で少し体調がすぐれないようだったＹさんは、高度を下げるため前日Ｓさんが過ごしたハパクンまで先に下山。高山病の特効薬は高度を下げることなのである。

夕食後、今夜もどこから持ってきたのか枯れ木を燃やしてささやかなキャンプファイヤーが始まる。パキスタンスタッフが打楽器をならして故郷の歌をうたえば、こちらも負けじと昭和の懐メロをうたって対抗する。たおやかに夜はふけていく。

眠いけれど、今夜はとっておきの星空を満喫しようとキャンプファイヤー後も外にとどまる。このあたりの緯度は北緯36度あたり、ほぼ東京と変わらない。それなのに見える星の数、その輝きは段違いである。まさに星屑の饗宴ではないか。

東京の空だと1等星を見つけるのでさえ容易でないのに、ここの空は感覚的には1等星だらけなのだ。あまりに輝く星の数が多すぎて、銀河は文字通りミルキーウェイのように白く濁ったように見える。

はくちょう座のデネブ、わし座のアルタイル、こと座のベガが夜空にくっきりと夏の大三角をつくる。そして夏の星空の象徴ともいえるさそり座のアンタレスはその大三角の下、南の空の低い位置で怪しく赤く輝いている。さそりの心臓だ。アンタレスは1等星なのに東京からだと街の明かりに邪魔されてしまうことが多い。ここのベースキャンプの星空テラスは間違いなく特等席中の特等席である。

テントの窓を少し開け、満天の星空を眺めつつ安らかな眠りにつく。それでも夜中に2回ほどトイレに起きる。当然真夜中の星空はさらに美しい。

## ラカポシBC ◀ ミナピン ◀ ギルギット

Day 8

6月5日

テント泊2日目の朝。夜中にドーンという雪崩の音に何度か驚かされる。ベースキャンプは痛いほどの完璧な静寂の世界である。遮るものがなにもないからかなり遠くの雪崩の音も聞こえてくる。確かに何十メートルも離れたテントからの話し声も耳に届く。

５時起床。まずはルーティン、トイレでの用足しを無事すませる。用足しのあと、そこに土をかぶせて自分の排泄物をかくす。３日目にして、すでにトイレ用に掘った穴があふれそうになっている。隠したい気持ちが強いから誰もが多めに土をかぶせるのだろう。それとも人間って、想像以上の量の排泄物を毎日ひねり出しているのか。清冽で爽やかなキャンプ場の中の生々しい光景である。

高度差１４００メートルの下山スタートは８時過ぎ。右膝痛の僕にとっては恐怖の本格的下りのロングコースである。この日のために、下り専用膝用テープと強力痛み止め貼り薬を用意したのだ。この薬を処方してくれ医者は僕にこう諭してくれた。

「この痛み止め、よく効くけど、治療してくれるわけじゃないからね。痛くないからって無理するとますます膝をいためるから気をつけてね」

そんな危険なもの、医者が処方するのはどうかと思うけれど、膝痛でテニスも登山も諦める人生は嫌だ。準備万端整えて下山道を進む。

いつものことなのだが、登り坂では人に後れをとらない僕なのだが、下り坂はまったくダメ。

イッサさんが「早く下りられる人はお先にどうぞ」とスピードアップを許すと、まあ、みんなの下るスピードのはやいこと。あっという間に早い組と遅い組の2組に分かれてしまった。当然僕は遅い組である。体調を崩していたSさんも、高山病に苦しんでいたYさん（途中のハパクンで合流）も早い組だ。みるみる姿が遠ざかっていく。

あれだけ感動した往路のミナピン氷河の奥にラカポシとディランが白く輝く風景に対しても、復路ではすでに感動はうすい。今は誰もが下ることに集中している。

ゆっくり歩いていても、下りはやっぱり膝に負担がかかる。相当痛そうに歩いていたらしい。同行者から「柳谷さん、大丈夫？」と心配の声を何度もかけていただいた。確かに下り始めてから3時間経ったくらいから極端に歩行スピードがダウンした。びっこを引いているという自覚もある。辛い。辛いけれど歩くしかない。

というわけで、早い組をずいぶんと待たせたけれど、4時間半後にはミナピン村の例のおしゃれホテルの中庭でコーラを飲んでいた。こういうときは冷たいコーラがうまいこと、この上ない。普段コーラを飲む習慣はないけれど、山登りのときは格別だ。

ここで大量の荷物をベースキャンプまで運んでくれた総勢22名のポーターさんたち一人ひとりにチップを手渡す儀式が予定されていたが、もめたあげく、結局ポーターたちを束ねる村の長老に一括してチップを渡すことに決着した。こういうお金がどんな風に分配されるか、ついつい気になってしまうのは僕だけだろうか…。

生のタマネギのサラダが美味しいランチをありがたくいただいて、バスに乗り込む。今夜の宿はギルギット・バルティスタン州の州都ギルギットの高級ホテルである。久々に文明との再会だ。

熱いお湯はたっぷりと使えるし、Ｗｉ－Ｆｉ環境はサクサクで、ストレスはゼロ。シャワーを浴びてさっぱり、洗濯をすませ、フェイスブックを更新。広いベッドでゆっくりと休む。パワー充電である。

明日からはもっと山奥に進む。右膝が持つことを祈るばかりだ。

# Day 9

6月6日

## ギルギット◀ライコット橋◀フェアリーメドウ

　ラカポシＢＣでテント泊用に支給されたマットも満足のいくものだったが、高級ホテルのベッドはやっぱり一味違う。目覚めるとすっかり疲れも抜けていて、右膝の痛みも気にならない。僕のようなレベルの山好きはときどき文明に触れることが大切なのだとしみじみ思う。

ギルギットを出発したバスは快適なカラコルムハイウェイをライコット橋まで1時間半足らずで走る。ここからフェアリーメドウの登山口となるフェアリーポイントまでは四輪駆動車で移動だ。

このジープ（すべてのクルマがジープではなかったが、ここでは便宜上ジープに統一）の旅が凄まじかった。スタート直後は、けっこう大きな石や岩がゴロゴロ転がっているデコボコ道。なるほど、これはバスでの移動は到底無理と納得した。ところが、そのデコボコ道が終わってからが本番なのである。落ちたら一巻の終わり間違いなしの断崖絶壁の狭い山道をグイグイ登っていく。前を走るクルマも、後ろを走るクルマも道路のギリギリを走っているのが見える。まさに大峡谷の崖沿いをひた走るのだ。崖の下は何百メートルもの高低差がある谷底だ。視覚的にも怖すぎる。

しかも、計器も動いていない年代物ばかりのジープのタイヤはツルツル。下りてくるクルマとのすれ違いにはアクロバット的なテクニックが必要である。これは目的地への移動というよりは、むしろ遊園地のアトラクションに近い（ただし命がけ）。

僕にとってはまったくの冷や汗もので、はやくこの恐怖から逃れたいとばかり思っていた（男性陣の感想はおおむね同じ）。一方、女性陣は「楽しかった」という感想なのだ。僕はもともと遊園地の絶叫系ジェットコースターの類には絶対乗らない。多くの男性も同じ気持ちらしい。ところが女性陣の多くは絶叫マシン好きなのである。

このジープでの移動、途中で飛び降りる人がいたり、飛び乗って窓枠にしがみついている人もいたりで、かなり自由。僕たちは1台のジープに4人が乗るという贅沢利用だったが、他のジープには6人も7人も乗り込んでいて、すし詰め状態のものばかり。

ハラハラドキドキしながらのは1時間半、やっとのことでフェアリーポイント（タロ村、標高2666メートル）にたどり着いた。命があってよかった。

登山口となるフェアリーポイントで、まずは完熟マンゴーのおやつが支給される。簡単に手で皮が剥ける。果汁をほとばしらせながら一人1個をペロリ。昼食後の13時20分、登山開始である。

歩き始めてほどなく雨が降り始めた。ほとんど雨に降られる心配はないと聞いていたが、ここで、カリマバードで買った折り畳み傘が役に立つことになった。上下ともに雨合羽を着こむのは面倒なのだ。上だけ超軽量のレインウェアをはおり、傘をさして山を登る。日本の山道にも似た山道をゆるゆると登り続ける。雨にも濡れ、気温も下がってきたので、けっこう寒い。

途中にお休みどころが何か所かあって、休憩をとり、あったかいミルクティーをいただく。寒いのでみんな厨房の火のあるところに集まって濡れた身体を乾かし、つかの間の暖をとる。

それにしても、この山道ほとんどすれ違う人とも会わない。お休みどころに2人のスタッフがいたので、「これじゃあ赤字だよね」と声をかけたら、これからに2週間もするとこの山道、トレッキング客でいっぱいになるのだという。フェアリーメドウは超人気観光地なのだ。アリーもこのあたりの観光ポイントではフェアリーメドウが一番好きだと言っていた。期待が膨らむ。

約3時間の山登り。16時過ぎ、「妖精の放牧地」と呼ばれるフェアリーメドウ（標高3300メートル）に到着。なんだかほっこりとしたメルヘンチックな建物がいっぱい並んでいる。乗馬やバレーボールで遊んでいる人たちもいる。楽しげだ。そしてなによりホテルのテラスからはナンガパルバット（標高8126メートル、世界第9位の高峰）の堂々たる山容が真正面に見えるのが一番のご馳走だ。

これまでも、カラコルムハイウェイの休憩地点で遠くにナンガパルバットの山並みが見えたことはあったが、ここではじめて大きく存在感のあるナンガパルバットと向き合うことができた。

昼間に降った雨のせいか、バスタオルやシーツなどが少々湿っぽいのはご愛敬か。

夕食時、歯科衛生士のMさんによる歯のケアに関する興味深い講義あり。ツアー参加者は年齢的に自身の歯のケアだけでなく、孫世代の歯のケアにも関心があるようだ。議論白熱である。

夕食のデザートとして出されたパイナップルカスタードは僕のお気に入り。もともと外国人観光客のおもてなし用につくられるようになったものらしい。また食べたい。

お湯の温度は怪しいので、シャワーはパス。手ぬぐいで身体を拭くだけにする。標高の高いところで風邪など絶対に引きたくないのだ。大事をとってはやく寝る。

# Day 10

6月7日

フェアリーメドウ ◀ ノースビューポイント ◀ フェアリーメドウ

朝起きて窓をあけるとナンガパルバット（ここから見えているのは北面）が昨日よりもより鮮やかに見える。ベランダでボーっと眺めていたら、ホテルのスタッフがやって来て、「こっちに来ませんか。もっと綺麗なナンガパルバットが見られますよ」と手招きする。半信半疑でついていったら、牧草地の大きな水たまりに逆さナンガパルバットが映っているではないか。これは素敵だ。

ホテルのスタッフは何枚も写真を撮る僕を横で嬉しそうに見ている。「どうだ。これがオレの自慢のナンガパルバットだぜ」とか思っているのだろうか。チップを渡そうとしたら受け取らない。こういうことされると僕はいっぺんに好きになってしまうのだ。パキスタン人の好感度20％アップ。出会った人によって、その国の印象は大きく変わる。僕たちも気をつけないとね。

ナンガパルバットはヘルマン・ブールが初登頂に成功するまで31人の遭難者を出し、「人喰い山」と恐れられていた。ナンガパルバットが「裸の山」と呼ばれるのは、ヒマラヤ山脈とつながっておらず、周囲に高い山がない孤立した巨峰だからである。

８０００メートル峰にして独立峰、その存在感は圧倒的だ。そのため、わりと古くからエベレストと並んで世界に名の知れた山となっていた。

８０００メートル峰で最初に登られたのはアンナプルナ（標高８０９１メートル、世界第10位の高峰、サンスクリット語で「豊穣の女神」の意）で１９５０年。２番目がエベレストで１９５３年の５月29日。３番目がナンガパルバットの１９５３年７月３日。

2番目と3番目はわずかに1か月余の差である。エベレスト登頂に先を越されたことをナンガパルバットの初登頂者ブールは相当悔しがったようである。

ちなみに南側のルパール壁は標高差4800メートルにもおよび、世界最大とされる。屈指の登攀難壁であることは間違いない。初登攀は1970年、登山界のスーパースター、ラインホルト・メスナー（人類史上初の無酸素での8000メートル峰全14座完全制覇者）と弟のギュンター・メスナーによって成し遂げられた（ギュンターは下山中、雪崩に巻き込まれ命を落としている）。

1983年には富山県山岳連盟登山隊の谷口守、中西紀夫が日本人として初登頂に成功している。1999年には日本人登山家池田壮彦が山頂直下でブールが初登頂のときに残したピッケルを発見。ナンガパルバットは日本人にとっても縁深い山なのだ。

山屋のJさんがこの旅に持参していた本のコピーは「白きたおやかな峰」だけではない。ブールの著書「八〇〇〇メートルの上と下」も繰り返し読んでいたように見えた。Jさんはこのコピーを読みながら、ときおり感傷にふけっている。そばで見ていても本当に山が好きなんだ、という真剣な思いが伝わってくる。

僕はこの本を帰国してから読んだがめっぽう面白い。この本のナンガパルバットを描写した一節をこれも長くなるが引用してみたい。

「恐怖の山。運命の山。すでに三一人の人命を呑みこんで、いまなお雲上に高くそびえる巨人。ただ犠牲を要求するだけで、なに一つ与えようともしない巨人。それは、人間を魔力によって魅了し、つかまえたらけっして放そうとしない無慈悲な王国といえた。」（世界山岳名作全集12「八〇〇〇メートルの上と下」あかね書房、ヘルマン・ブール著、横川文雄訳）

名文である。

この本を読む限り、隊長のヘルリヒコッファーとは相当そりが合わなかったみたいで、関係は険悪そのもの。隊長の下山命令に断固反抗してやや無謀ともいえる登頂行動を敢行。最後はたった一人、驚異的な体力と執念で頂上に到達しているのだ。なんと下山時、8000メートルの高所でブールは立ったままビバークしている。生きて帰った方が奇跡というべきかもしれない。

初登頂に成功し、疲労と乾き、幻覚にさいなまれながらキャンプに帰って来たブールを待っていたのは、歓迎、いたわり、気遣いとはほど遠いものだった。目に映る光景は翌年のK2遠征に備え、撤収を急ぐ隊のあわただしい動きだけだったのである。彼はあきれ、嘆いた。

ところが、ブールのこの初登頂の成功が登山部隊を率いる隊長ヘルリヒコッファーに名声を与えることになった。結果彼の未来を切り拓くことになったのだから、皮肉な話である。ブールの思いはいかばかりか、と心中を覗いてみたくなる。

さて、今日のメニューはナンガパルバット北面ハイキング、9時前出発である。当初の計画ではナンガパルバットBCまで足を延ばす予定だったが、それだと丸一日がかりのロングコースとなる。予定を変更して、ノースビューポイントまでの往復ということになった（食べ物が原因で昨晩から調子を崩していたKさんはロッジで休養、残りのメンバーは参加）。それでも、このコース、そんなに甘くない。急峻な登り坂はないものの、緩やかな登り坂がゆるゆると長く続く。

フェアリーメドウからもう少し奥に進んで尾根までたどり着くと氷河の平原が眼下広がっているのが見えてきた。その奥にナンガパルバットの巨大山塊だ。歩き始めて1時

間半ほどのところにまたまたお休みどころ。ここには売店があって、ソフトドリンクやスナック菓子も買える。どれが一番好きかとアリーのお気に入りを訊いてから、塩味のビスケットを購入。パキスタン製で200ルピー（町中で買うと100ルピー）。これがイケてる。ドライフルーツの柿とともに僕の大切な行動食になった。

店のスタッフとイッサさんがパキスタンダンス?を踊り始める。そこにノリのいいMさんも参戦。なんだか、ほのぼのとした田舎の盆踊り大会のムード。

そこから歩いて1時間。途中、ときどき雹に降られるというハプニングにも見舞われたが、いくつかの建物が点在するリゾート牧場のようなところに到着。緑豊かな牧草地が美しい。

ここまでずっとライフルを持った警察官が同行してくるので、この山は警察官同行でないと入れない山なのかと思っていたら、この警官もイッサさんのお友達。暇だからハイキングについて来たのだとか。それにしても、イッサさん、アリーとあらゆるところに友達あり、である。本物のライフル銃が珍しいということで、なぜかほぼ全員がこの警官と記念写真。日本人って、本当に記念写真好きだ。

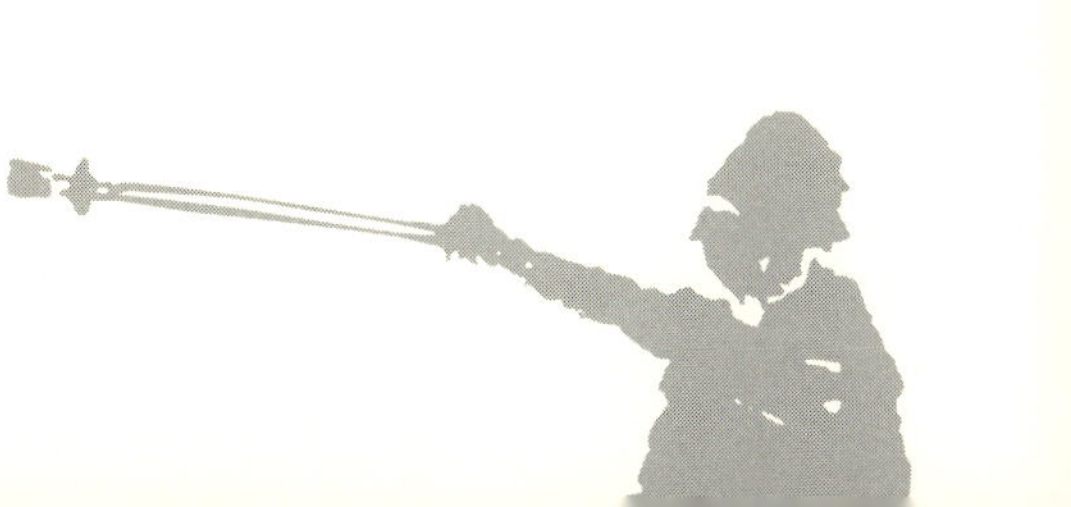

このリゾート牧場の小屋で、しばしの休息、お茶をいただいて再び山の奥へと歩みを進める。

Jさんは、ここで昼寝を決め込み、不参加。ここは先に進んでもあまり風景に大きな変化はないと踏んだらしい。

ちょうどお昼頃、今日の最終目的地ノースビューポイントの展望台（標高3700メートル）に到達。大きな岩の上にはパキスタン国旗がはためいている。展望台から見えるのは泥色の氷河と雲に隠れたナンガパルバット。Jさんの判断は正しかったかもしれない。先に進んでも風景に大きな変化はなかった。

しばらく時間をすごした後、リゾート牧場まで戻って、いつものカレーランチ。雨雲が近づいて来ていたので、MさんとOさんはランチを食べず帰路につく。ハイキングの途中でも、何度か雨が降られたので、小屋の中のストーブがありがたい。

ランチ後の帰り道、雨に降られることもなく帰還。僕も膝の痛みに苦しめられることもなく、後れをとらないですんだ。

15時半、フェアリーメドウまで帰って来ると、Mさん、Oさん、Kさんで乗馬を楽しんでいるではないか。実は僕も昨日から機会があれば馬にのりたいと思っていたのだ。日本の牧場のような小さな馬場ではなく、ここは広い牧草地だ。楽しそうである。しかも1周500ルピー（約300円）と安い。

さっそく僕も乗馬体験を申し込む。望みはただ一つ。人に馬を引いてもらうのではなく、自分で手綱を持って、馬を自由に操らせてもらうことだ。45年前英国ボンマスで、はじめての乗馬にもかかわらず、丸一日馬に乗って海岸沿いの草原で遊ばせてもらったことがある。あの時の感動を忘れられないでいるのだ。

馬を引くスタッフに「手綱を僕にもたせてくれないかな。自分で馬をコントロールしてみたいんだ」とお願いしてみる。最初は嫌な顔をされたけれど、懇願しているうちに「じゃあ、ちょっとだけだよ。自己責任だからね」と手綱を渡してくれた。それから、わずか数十秒の間だったけれど、至福のときとなった。まあ、実際は並足も駆け足もできず、右旋回、左旋回もできず、ただとぼとぼと歩くだけで終わったのだが、それでも嬉しかった。日本だと、この「自己責任」という言葉が忌み嫌われている。なんでもかんでも管理者責任にされちゃうから、少しでも危なそうなことは管理者側がストップをかけないといけない。これだとできないことが多すぎる。日本って不自由な国だと少し悲しくなる。

# Day 11

6月8日

## フェアリーメドウ◀アストーレ◀ラマ

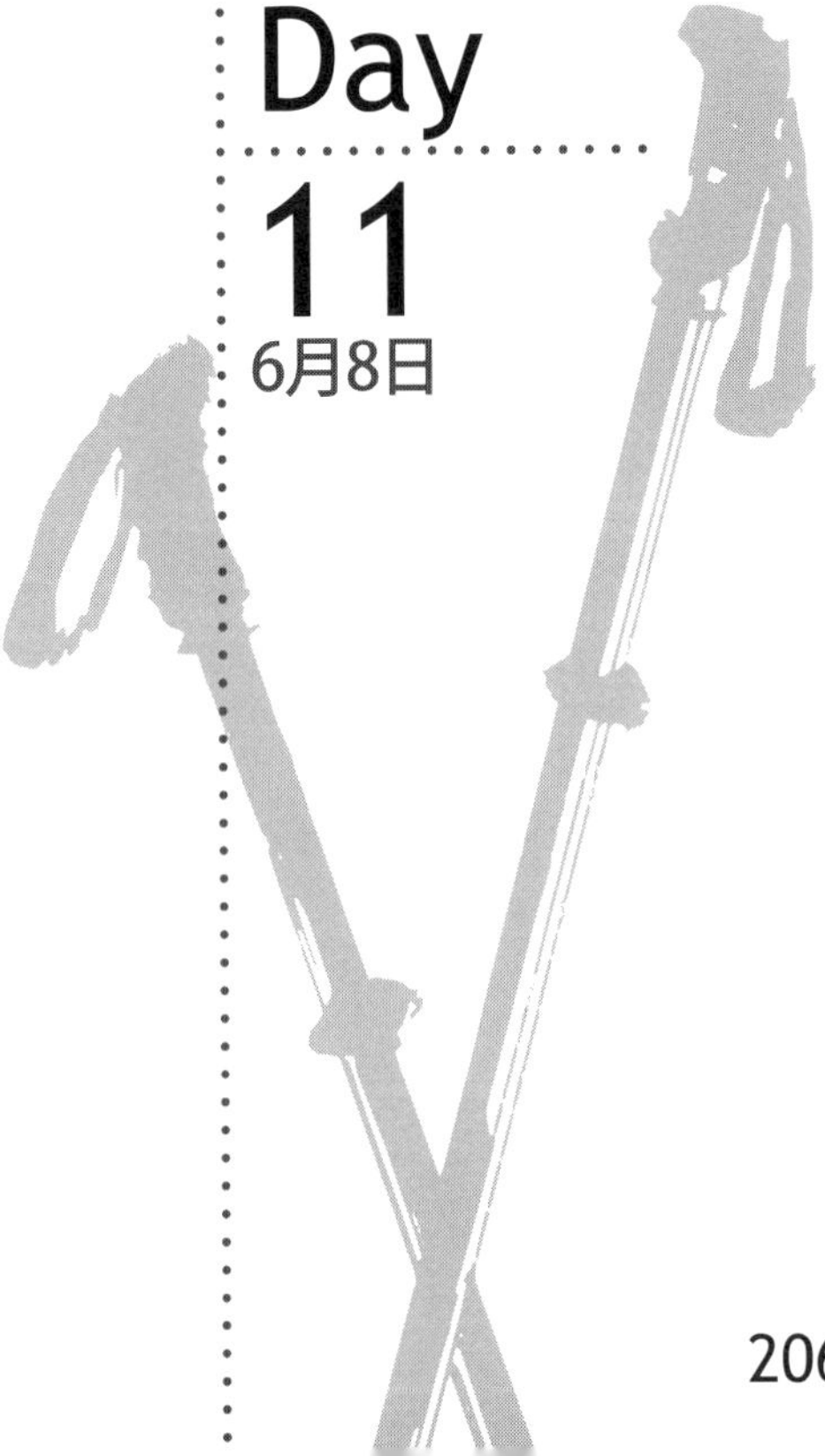

昨晩から朝にかけてずっとザーザー降りの雨。昨日のうちに逆さナンガパルバットを撮影できたのは幸運だったみたいだ。フェアリーメドウを朝8時半、雲に半分隠されたナンガパルバットを横目に出発。来たときと同じ道を一気に下る。標高差600メートルちょっと。今回は右膝が痛くてびっこを引くということはなかったが、メンバーの多くは

下りになるとやたら元気になる人が多い。僕はその逆。それでも2時間ほどでフェアリーポイントに到着。

さあ、ここからが恐怖のジープアトラクションである。覚悟して乗り込んだものの、今度はそれほどの恐怖を感じない。慣れとは恐ろしいものだ。行きは後部座席、今回は助手席に座らせてもらったおかげかもしれないが…。思いの外、すんなりとライコット橋に着く。

ここからは、今まで乗っていたバスに乗り換えて移動再開だ。フェアリーメドウ滞在中、ダッフルバックはバスに置いたまま、必要な荷物だけを登山用ザックで運んだ。携行品はテント滞在時と同様だったのだ。ダッフルバックが戻ってくると、生活の不自由と戦う武器が戻ってきたみたいで、なんだかホッとする。

ライコット橋からカラコルムハイウェイをギルギット方向に少し戻り、ナンガパルバットビューーホテルでランチ。名前ほど立派なホテルではないが、インダス川をのぞむ展望レストランである。僕はもう完全に飽きているけれどカレーのレベルは高い。

バスがカラコルムハイウェイを外れて、アストーレ川沿いのくねくねの細い山道に入ると、見えてくるのは灰色と黄土色の乾いた岩壁ばかり。両岸ともに切り立った深い渓谷が続く。殺伐とした世界である。ときどき見える緑はまっすぐ空へと伸びるポプラの木だけだ。

アストーレ渓谷、なんだか人の住んでいる気配がしない。たまに建物がある場所もポツンと一軒家ばかり。生活の糧がなんであるのか想像もつかない。当然集落にはなっていない。しばらく走り続けると、突然川の向こう岸に瀟洒な家が立ち並ぶ集落が見えてきた。少なくとも数百軒。それなのに畑や牧場は見当たらない。観光地のようにも見えない。

やがてバスはアストーレの町に入る。たくさんの商店が軒をつらねる、にぎやかな町だ。この地域の中心都市らしいが、やはり生活の糧が見えてこない。こんな山の中でなにをメシの種にしているのだろうか。重要軍事施設が近くにある気配なので、軍の恩恵を受けている町なのだと勝手に理解する。どこの町でもそうだが、建材を扱うお店がやたら多い。あとペンキメーカーの看板も。これは、どこもかしこも建築ラッシュで活気にあふれているのだ。パキスタンは明らかに発展途上の国なのである。

山道ドライブにけっこうな時間をとられ、この町でトイレ&お買物休憩。ちなみにイッサさん曰く、田舎の町では相手が外国人なら店の中のトイレ、食事や買物をしなくても基本的には無料で貸してくれるそう。カフェでお茶を飲んでも一人か二人で1，2杯なら

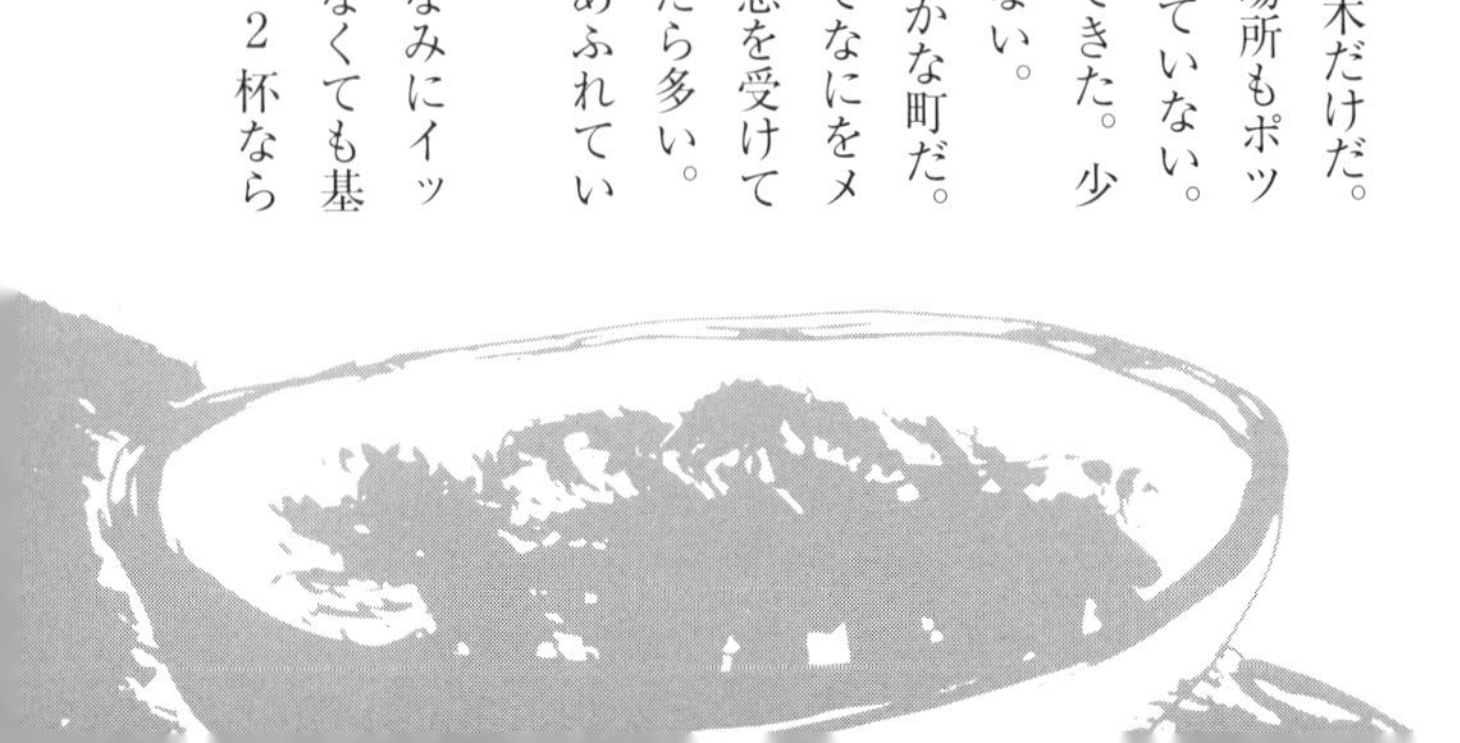

お金を要求されたりしないとも。これは海外からのお客様をもてなしたいというパキスタン人の「客人接待」の気持ちのあらわれなんだとか。この話が事実かどうかは実体験していないので、さだかではないが、本当だとしたらすごくいい話だ。

町の八百屋さんで、ほぼ全員マンゴーやバナナ、桃やあんずなどを買い込む。これは無料ではなかったが、大きなマンゴー1個100ルピー、バナナ4本50ルピー。どれも100ルピー（約60円）前後。たっぷり買い込んでもお財布にはやさしい。

アストーレから先は緑が豊かになった。広大な段々畑の広がる山道を1時間半。18時前、ラマレイクビューホテル（標高2600メートル）に到着。

フェアリーメドウのコテージでの滞在がかなりテント泊の環境に近かったので、参加者全員このホテル名に文明のにおいを感じ、期待を膨らませていた。ラマグランピングリゾートの入口看板も高級感を漂わせていたので、ますます思いは強くなっていく。

敷地内に入ってしばらく進むと、バスが通ることができないような大きな水たまりに行く手を阻まれる。ホテルからジープでも迎えに来てくれるものとしばらく待っていたのだが、かなり時間が経ってやって来たのはバイクだけ。結局ホテルまでは歩いていくことに

なった。バイクは荷物を運んでくれるだけだ。

ホテルまでの距離はたいしたことはなかったのだが、驚いたのはそのホテルの佇まい。かなりボロボロの掘っ立て小屋のような建物がポツンと一つ。その奥にキャンプ場が広がっている。確かにキャンプ場としてはおしゃれだけれど…。え、レイクはどこ?ホテルはどこ?

キャンプ場の管理小屋だと思っていた掘っ立て小屋みたいな建物がホテルだったのだ。湖はここからは見ることはできない。見えるのはナンガパルバットの東側にあるライコットピーク(標高７０７０メートル)だった。もともと泊まる予定だったラマの町のホテルからの突然のキャンセルが理由で、このホテルへの宿泊に変更されたらしい。軍の都合だったとか。これもまた「インシアラー」である。ホテルで一息入れるという参加者全員の思惑は大きくはずれ、文明と遠くかけ離れた山小屋での不安な夜を過ごすことになった。

# Day 12
6月9日

## ラマ湖 ◀ チョリット

ラマレイクビューホテルに泊まったからには、ラマ湖を見に行かなくてはいけない。朝7時出発。キャンプ場の奥へと進み、ラマ湖に向かって片道2キロほどのトレッキングを開始。

昨日のうちに中山さんがドローンを飛ばしてラマ湖までのルートのあたりをつけていた。ドローンのなんと便利なことよ。中山さんはラカポシBCでも早朝、夕刻ともにドローンを飛ばしていた。

今や山の風景撮影の主流はドローンかもしれない。重そうだから、僕は持って来ない。今回この本に掲載されている写真は中山さんからお借りした数枚の写真を除いてすべてスマホで撮影したものだ。

中山さんはドローンのほかに一眼レフカメラ、数本の交換レンズも携行している。他にも中山さんのバックの中からは、予備のモバイルバッテリー、充電用コード各種、救急用品、ツアー参加者が困ったときには、なんでも出てくる。まるで「ドラえもんのポケット」のようだ。本当に添乗員って大変な仕事だ。ってか、添乗員にドローンや一眼レフカメラ携行する義務はないのだけれど…。

さて、今日も快晴。太陽が眩しい。キラキラした光の中で周辺の山々が生き生きと輝く。緩やかな登りの続くガレ場を過ぎるとやや急峻な山道に入る。いくつかの雪原を越えて、点在する氷河湖を眺めながら歩くこと1時間余。ラマ湖に到着。

なんとも気持ちのいい空間だ。このあたりは地元の人たちにとっても、大切なリフレッシュエリアである。涼をとったり、泳いだりすることができる。

ただし、山道や湖畔の周辺にはかなりの量のごみが落ちている。お菓子の紙袋、セロファン、ペットボトルなど。多くの地元の人たちは躊躇なくごみを道端に投げ捨てるのだ。この豊かで清々しい自然が、どれほど大切なものかを重く受け止めるのは簡単なことではないのかもしれないけれど…。

アリーが運んでくれたバナナとお気に入りのパキスタン製ビスケット「TUC」の塩味を配ってもらい、それぞれ湖畔でゆったりとした時間を楽しむ。30分ほどの休憩の後、下山開始。この下山でも早い組にはやや後れをとる。どうも膝に負担のかかる下り坂はいけない。

ホテル（山小屋？）でもしっかりと休息時間をとり、バスに乗り込んでまずはアストーレに向かう。途中で、ケーキ屋さんを発見。バスを停めてもらう。アイスクリームを売っていたら買いたいと店内を覗いたらアイスクリームは売っておらず、美味しそうなショートケーキを見つける。1個50ルピー。手づかみで渡されたのには少々面をくらったが、味は悪くない。だいたい、この小さな町にケーキの専門店があることが驚きである。

町はずれのレストランでランチ。食事にカレーばかりが続くのは辛いが、デザートの完熟マンゴーはいくら続いても飽きることがない。相変わらず旨い！しかも参加者全員、マンゴーの皮剥きに慣れてきた模様。男も女もデザートは別腹みたいだ。

アストーレから先は再び両岸が切り立った岩壁の険しい峡谷の山道に入る。この細い山道を多くのクルマが行き交う。何度見ても驚くのは車の上にたくさんの荷物だけでなく多くの人が乗っていること。人が乗っているからといってスピードを落とす様子もない。命がけのクルマ旅である。

途中でアストーレ川を対岸に渡り今夜の宿泊先チョリット村に向かう。通常ナンガパルバット登山の入口となるタルシン村の一つ手前の村である。16時前には、宿泊先のホライズンゲストハウスに到着。こちらはゲストハウスの名前から大きな期待はしていなかったけれど、居心地は抜群にいい。広い部屋にはセンスのいいおしゃれな家具が並んでいる。掃除のいきとどいた清潔なトイレとシャワールームも好印象。村の人たちも素朴で、日本からの観光客に興味津々。遠巻きに僕たちのことを観察している模様。そのうちに男の大人と子どもたちは近くまで寄ってきたが、女性は顔を隠し遠く離れたままだ。

天気がいいし、早い時間に宿泊先に到着したので、全員洗濯。ゲストハウスのいたるところが物干し場になっていく。フェアリーメドウ、ラマと少し厳しい宿泊環境が続いたが、ここで全員パワーチャージできたはず。ただし、ここはイスマイール派の多いフンザあたりとは違う。真夜中の3時半ころアザーンの大音響が鳴り響いた。ほとんどの参加者がびっくりして飛び起きたはずだ。お祈りのために起きている村人はいったい何人くらいいるのだろうか。

# Day 13

6月10日

## チョリット ◀ ヘルリヒコッファーBC

朝6時前、起きてゲストハウスの外に出てみると、白く輝くナンガパルバットがとても近くに感じられる。もうここはナンガパルバットの麓の村なのである。

朝7時半出発。ここからは四輪駆動車2台に乗り換えての移動だ。フェアリーポイント往復時のジープとは違い、こちらの四輪駆動車はかなり性能がよさそうだ。1台当たりの乗車人数は多いが、タイヤにちゃんと溝はあるし、計器も動いている。デコボコ道を軽快に走る。

助手席を確保した人は問題ないが、荷台で快適に過ごすには位置取りが大切である。僕は荷台に載せてあったたくさんのダッフルバックの間に挟まれた運転席に近い位置を確保したので、まったく辛くはなかった。ダッフルバックがクッション代わりになる。助手席よりは写真も撮りやすい。その反対側、荷台の後ろに方は揺れも激しく、お尻をのせておくクッションの役割を果たすものもない。そこに座った中山さんはお尻が痛くて辛そうだ。もう1台のピックアップトラックには荷台に高い柵がつけられていて、全員立って乗車。こちらは居心地がいいらしい。乗ったメンバー全員ずっと楽しそうである。

現地スタッフは荷台のへりの仕切り板の上に座り携帯電話を片手にずっと会話をしている。クルマから半分身体が飛び出している状態だ。見ているこちらの方が冷や冷やする。現地の人は荷台に乗るのは当たり前。クルマの屋根に乗るのも当たり前。運転席や助手席の外のステップに足をのせクルマにしがみついているのも当たり前なのだ。

タルシン村まではわずか5キロ。当初はここから徒歩で登山ルートに入る予定だったが、クルマでもっと先まで行けることが判明。参加者全員一致でそのショートコースを希望。タルシンの先のルパール村までクルマで行くことが決定した。このタルシンからルパール

（標高３１４６メートル）まで、ずっと緑豊かで、のどかで、美しい。素敵なドライブコースだった。登校中の元気な学生さんや識別のため鼻のあたりが色とりどりの染料に塗られているヤギたちとの遭遇も新鮮である。

　曲芸アトラクションを楽しむこと30分ほど、登山口となるアッパールキャンプ場（標高３３５０メートル）に朝９時半前に到着。ここでミルクティーやグリーンティーをご馳走になり、再出発。のんびりと草をはむ牛たち（水牛とヤクの合いの子はネパールではゾッキョ、ここではズーと呼ばれる）や湧水の清流を眺めながら緩い坂道をゆっくりと登ること１時間余、今日の目的地ヘルリヒコッファーＢＣ（別名はポリッシュＢＣ）に到着した。まだ11時前だ。

ここは世界最大の氷壁「ルパール壁」まで、直線距離でわずか2キロほどの場所である。その壁の高さはなんと4800メートル。目の前に5000メートル近い壁が聳え立っているのだ。その壁の高さだけでマッターホルンの標高をゆうに越えている。ローツェの南壁は3300メートル、アンナプルナの南壁は3500メートル。ルパール壁はけた違いの迫力である。

ヘルリヒコッファーBCは、その裾から頂までの全景をほぼ仰ぎ見ることのできるまさに稀有な展望地なのだ。僕がエベレスト街道トレッキングに参加したのは、たまたま旅先で出会った中山さんに「エベレストを見るための遊覧飛行の旅に参加したけれど、全然感動的ではなかった」と不満を漏らしたところから始まっている。遊覧飛行機の窓から眺めたエベレストはあまりに遠すぎたのである。

そのとき、中山さんに「ヒマラヤの山々は、山の目の前まで行って見上げなくちゃ、その本当の魅力はわかりません」と言われたのだ。確かのそのとおりだと思った僕は、エベレスト街道トレッキングに参加し、カラタパールやチュクンリ、ゴーキョリからエベレストを見た。素晴らしい体験だった。感動した。5000メートル越えの山に登り、

８０００メートル級の山々に囲まれると、宇宙と繋がる神々の領域に足を踏み入れたような気がした。けれど、聳え立つ山を見上げたという感覚はない。そこからだとエベレストまだずっと遠いのである。

でも、今度の体験はまったく違う。８０００メートル越えの山、ナンガパルバットが眼前に聳え立っているのである。そして今、僕はまさにその山を仰ぎ見ているのだ。

この山は泰然として堂々としている。自信に満ち溢れている。

この場所にクルマから降りてからわずか１時間後に立てているなんて奇跡のようだ。ネパールではルクラの飛行場から、ナムチェバザールの先、ホテルエベレストビュー（テラスからエベレストを遠望できる）まで到達するのに２泊３日の登山を要する。エベレストBC近くのカラタパールまでならさらに2泊が必要だ。

ヘルリヒコッファーBC、この絶好の展望地は拍子抜けするくらいアプローチが容易である。

高尾山に登るのよりもはるかに楽なのだ。パキスタンでの登山、トレッキング、あまりメジャーではないけれど、山好きにはたまらないポテンシャルを秘めているではないか。

山屋のＪさん、ラカポシＢＣでは「ここに1か月、住みたい」と熱望されていたが、ここに来ると「ここに、2か月住みたい」と滞在希望期間がさらに1か月伸びた。

Ｊさん持参の山の本に書かれている登山家の登山ルートマップを読み込みながら、さかんにナンガパルバットの南壁を観察している。60代後半、同い年のＫさんと「オレだったら、このルートをこう攻めるかな」「あそこの懸垂氷河はちょっと難しいんじゃない」「じゃあ、先にこっちの尾根にとりつくか」とか、真剣に自分たちが実際に登ることを想定した会話をしているのだ。楽しくて仕方ないみたい。まだまだ現役の山屋さんなのである。

さて、このベースキャンプ、1953年に初登頂を果たした西ドイツ・オーストリア隊の隊長ヘルリヒコッファーの名がつけられている。このことを僕は少し奇妙に感じてしまう。エベレスト周辺ではありとあらゆる場所に初登頂者のヒラリーの名が残されている。このときの隊長ジョンン・ハントの名を知る人は少ない。ところがここナンガパルバットでは、初登頂者ヘルマン・ブールではなくヘルリヒコッファーの名が残されているのはなぜなのだろうか。

前述のとおり、ブールの著書を読む限り、ヘルリヒコッファーとブールの間には確執があったようだし、ルパール壁の初登攀を成功させたラインホルト・メスナーも、弟ギュンター・メスナーの遭難死に関してヘルリヒコッファーと法廷闘争になっている。なにかと問題の多い人なのである。

それでも、1953年のラキオト側（ブール）、1962年のディアミール側、1970年の南南東側稜（メスナー兄弟）、1982年の南東稜と4つのルートからの登頂を隊長として成功させた。30年近くにわたってナンガパルバットと格闘してきたその執念は他の追随を許さない。このベースキャンプに名を残したのも、その執念の賜物だったのかもしれない。

ベースキャンプで、それぞれの時間をゆっくりと過ごす。ほんの少し前まで明るい太陽が顔を出していたのに突然雨も降り始めた。僕はテントの中でネットフリックスを楽しむ。続きが気になっている韓国ドラマの結末までまだ行きついていないのだ。

夕方、アリーさんがチョリット村のお店で買ってきたパキスタンで人気のボードゲームに興じる。2対2、2チームに分かれて戦うゲームだ。サイコロを振って、自分たちの駒をすべて「上がり」に持って行ったチームの勝利である。参加者はイッサさん、アリーさん、

Mさんと僕の4人。基本的にサイコロの6の目を出すと有利にゲームを進められるのだが、Mさんがやたら6の目を出す。意外だったのは普段冷静沈着、温厚なイッサさんがゲームになると完全に人が変わってしまったこと。めちゃくちゃ熱くなったのだ。

少し目を離すと、サイコロを置くように転がす置きサイや、駒を動かす数をごまかす。いくら僕とアリーさんがインチキを指摘しても、なかなかそれを認めない。でも、そこまでやっても勝ちたいみたいなのだ。イッサさん、このゲームに関してはずっと地元のチャンピオンだと鼻高々だった。負けるわけにはいかないのである。まあ、嬉しそうだからいいか、と僕もアリーさんもあきれ顔。イッサさん、なんだかとても可愛いのだ。

外では雹も降り始めた。風も強くなってきた。体感温度は氷点下である。まこと山の天気は変わりやすい。この夜も恒例のキャンプファイヤーが開催されたみたいだが、眠さに勝てない僕は夕食後早々と寝袋に潜り込む。

テントの窓から見える、西日のあたるナンガパルバットが幻想的だ。

# Day 14

6月11日

## ヘルリヒコッファーBC ◀ ラトポBC ◀ ヘルリヒコッファーBC

いつものように朝5時前には目が覚める。参加者全員が、西稜に朝日があたって輝くナンガパルバットの美しい山容に見入っている。ベースキャンプの奥、モレーンの向こう側には4800メートルにもおよぶ万年雪の断崖が聳えているのだ。Jさんは早朝に一人で、モレーンの向こう側まで探索に出かけたようだ。

キラキラの氷壁が太陽の位置によって、刻一刻とその表情を変えていく。太陽と風がつ

くりあげた大自然の芸術である。

ここでもヘルマン・ブールの名調子から少し引用させてもらおう。彼は僕らと同じところに立って、この山を眺めていたことがあるはずだ。

「堂々としたモレーンの丘。これはまるで用心深い大自然が、威風あたりをはらうナンガの北壁から轟音立てて落下する驚異的な雪崩からキャンプを護ってくれるためにここに据えつけたと思われるほどだ。」

「大きな波浪さながらの氷の塊が急峻な懸崖に向かって打ち寄せる。打ち続く波の谷や波頭、泡立つ水柱を思わせる氷塔。その向こうには、まるで摩天楼のように、ガラスの氷塔が数本。一〇〇メートルも高々とそびえている。言語に絶した形式美であり、奔放そのものの姿だ。」（いずれも世界山岳名作全集12「八〇〇〇メートルの上と下」から。あかね書房、H・ブール著、横川文雄訳）

やはり、名調子である。

朝食後、7時半、ナンガパルバットの南面ハイキングに出発。まずは正面に見えるナンガパルバットの左手、南側のモレーンを登り、尾根の上に立つ。眼下には土砂がおおい

かぶさった氷河が広がっている。

僕たちはゆっくりとガレ場の道を下り、土色の氷河の上を向こう側のモレーンに向かって進んでいく。ラカポシＢＣのミナピン氷河よりもずっと多くの土砂や小石をかぶっている。氷河の上を歩いているというよりは、凹凸の激しい荒涼とした砂漠（砂漠にしては大きな石や岩が多いけれど）を歩いている気分である。

氷河の上にはかなりの量の家畜の糞が落ちている。こんな険しい氷河を越えていかなくても山の裾野には十分な牧草地が広がっているように感じたが、氷河の向こうにはもっと緑豊かな広大な牧草地が広がっているらしい。家畜（牛、馬、羊、ヤギ、ロバなど）をつれていく地元の人たちはすごいスピードだ。あっという間に追い抜いていく。

もちろん、外国人トレッカーグループの足もはやい。彼らもどんどん追い越していく。僕たち、どこを歩いていても一番遅いようである。その分、十二分に山の景色を楽しんでいるともいえるのだが…。

土砂や小石が流れ落ちてくる危険なガレ場を登り、ルパール氷河の対岸のモレーンの上に立つと、眼下には大きな緑の平原が広がっていた。左手に緑の草原を目にしつつ、山の中腹のなだらかな下り道をのんびり歩く。草原まで下りてきて、サラサラと流れる小川を越え、さらに先へと進む。草原には夥しい数の牛が放牧されている。

突然轟音が響きわたる。ナンガパルバットの方に目をやると、大きな白い雲が山の稜線をかすめてすごいスピードで落下しながら、どんどんと膨らんでいくのが見えた。雲じゃない。雪の塊だ。

膨大な氷雪が山肌から切り離され、数千メートルも下まで叩き落される。間違いなく45度以上の斜度があるだろう氷河の急斜面の上を突進していく。その氷雪の塊が平らなところにぶつかると砕けて飛び散っていく。そこに巨大な雪煙が立ちのぼる。

朝9時過ぎだ。気温が上がってきて、氷が解け始めたのだ。この後、大きな雪崩を何度も目撃することになった。遠く離れていても十分に怖い。巨大な雪の塊に巻き込まれたら、山の氷雪壁にしがみついているクライマーの命などひとたまりもないだろう。

草原を抜け、大きく右に回り込んでいくと、再び大草原があらわれた。ここの草原の草はほぼ食べつくされている。再び小川の橋を渡り。今日の目的地ナンガパルバットのセカンドベースキャンプ、ラトポBCに到着だ。まだ10時過ぎ。わずか2時間半ほどのハイキングとなった。この地にも何張かのテントがあり、イスラマバードからこの地を訪ねてきた先客がいた。イスラマバード在住の女性たちはとってもアクティブ。彼らは日本人トレッカーに興味津々。しばしの情報交換タイムとなる。

アリーさんとシェフは、鍋や食材をここまで運んで来てくれていて、その場で火をおこし、サンドイッチと手づくりヌードル入りスープを提供してくれた。人懐っこい子ヤギがやたらとまとわりついてくる。可愛い。清々しい自然が最高のご馳走である。

12時近くまで、のんびりとラトポBCで過ごし、ヘルリヒコッファーBCへの帰路につく。途中小雨に降られるが、大きな問題もなく、14時には帰還。この日の午後もまたそれぞれにまったりとした自由時間を過ごす。僕は再度ネットフリックスの韓国ドラマの続きに時間を費やす。いよいよ最終回間近である。

夕食時にはシェフチームがお別れパーティ用のオリジナルケーキを焼いてくれた。本当にテント滞在中の食事には大満足。おかげさまで日本から持参のフリーズドライの日本食、アルファ米が大量に余った。嬉しい誤算である。

夜は再び恒例のキャンプファイヤー。清冽な大気のなか、ここの星空も美しい。豪華な星屑の乱舞である。夏の大三角はもちろん、北斗七星も簡単に見つかる。確か子どもの頃はそうだったよな、と昔を思い出す。今の東京の夜空から僕は北斗七星を見つけられなくなっているのだ。

## ヘルリヒコッファーBC ◀ チョリット

# Day 15

6月12日

今朝は5時半に目が覚める。ロバの、まるで絞め殺されているような鳴き声「グェー、ホーホーッホーホーッ」で起こされる。もの悲しい鳴き声だ。ロバはどこで会ってももの悲しい顔でこちらを見る。たいていは自身の体重の何倍もの荷物を背負わされていて、足が折れそうなのだ。実際重さに耐えかねて、その場でしゃがみ込んでしまったロバを何頭か目撃もした。それでも飼い主がロバの背の荷物を軽くしてやるのを見たことがない。僕にとってロバはなんともあわれな動物なのである。その象徴がこの鳴き声だ。

さて、今日でヘルリヒコッファーBCともお別れだ。

今日のメニューは、正面のモレーンを越え、まっすぐナンガパルバットに近づくルートを歩くハイキングである。この丘にはたくさんのマーモットが生息している。歩き始めてしばらくすると、多くの巣穴が見つかり、何度もマーモットと遭遇することができた。

モレーンの上まで登ると、灰色の氷河の向こうに威厳あふれるナンガパルバットの雄大な山容がよりくっきりとあらわれる。このキャンプ場の標高は3550メートル、ナンガパルバットの標高は8125メートル。目の前に高さが5000メートル近い三角錐の塔が立っているのである。見上げていると首が痛くなるといっても過言ではない。なんとも魅力的な山である。道々に咲いている可憐な花々も愛らしい。

ナンガパルバットはラインホルト・メスナーにとっては運命の山である。Ｊさんはその登攀ルートを凝視している。瞑想しているようにも見える。憧れの登山家なのだろうと、僕は僕なりの想像をする。

メスナー兄弟がナンガパルバットのルパール壁の登攀に成功したのは１９７０年のこと。このとき、彼は初登頂者のブール同様、下山時に８０００メートル付近でビバークしている。このとき、二人は酸素吸入器も羽毛服もない状態だったのだ。疲労困憊していた弟のギュンターが高山病にやられ、ルパール壁からの下山を断念。ティアミール壁からの下山を選択した。苦痛に満ちた下降３日目。ギュンターは雪崩に巻き込まれる。このあと、ラインホルトはギュンターを探し回り、凍傷で６本の足指と数本の指頭を失う。

１９７１年、ラインホルトは弟を探すために再びナンガパルバットへ。見つからず。

１９７３年も単独登山を目指して再びナンガパルバットへ。敗退。１９７７年、４回目のナンガパルバット。またしても敗退。

１９７８年、５回目のナンガパルバット挑戦。弟を亡くしたティアミール渓谷の奥からスタートし、単独アルパインスタイル（無酸素）での登頂に成功する。8000メートル峰全14座、無酸素による完全登頂の記録はここナンガパルバットが原点なのだ。ラインホルト・メスナーのことを思えば、この山を見ているだけで、胸が熱くなるのも当然といえるのかもしれない。

ベースキャンプでランチをとって、下山開始。再びジープの荷台に乗っての下山アトラクションに女性陣は大喜び。夕方前には居心地抜群のチョリット村のホライズンゲストハウスに入る。二度目の来訪だからだろうか、3日前は遠慮がちだった、子どもたち（女の子も含む）がゲストハウス前に大集合。Sさん、Mさん、Hさんのつくる折り紙の鶴で盛り上がりまくる。子どもたち、端正な顔立ちの子が多い。高い鼻梁に澄んだ黒い目。アジア系というよりはペルシャ系の顔立ちをした子が目立つ。

ゲストハウスの居間ではまたボードゲーム「チェッカー」（チェはウルドゥー語で「6」のこと。このゲーム、サイコロで6の目を出すことが大事）が始まった。イッサさん、またしても真剣である。今回は僕がイッサさんと組んで6の目を出しまくったため、大勝利。イッサさんの不敗神話は続くことになった。

# Day 16

6月13日

## チョリット◀アストーレ◀チラス

ホライズンゲストハウスからバスに乗って、アストーレ経由でチラスに向かう。断崖絶壁に挟まれたアストーレ渓谷の細い山道を順調に下っていたが、アストーレの町を過ぎた朝10時半ごろ、バスが突然止まって動かなくなった。渋滞である。

道の先で大型トラックが横転している。クルマがすれ違うのがギリギリの狭い山道だ。

しばらく経っても、まったくバスが動き出す様子もないので、バスを降りて数百メートル先の事故現場を見に行くことにする。事務用の折りたたみ椅子とテーブルを大量に載せた大型トラックが横倒しになっていて、完全に道をふさいでいる。

事故が起こったのは早朝のことらしい。もう4時間以上も経っているというのに、並んでいるクルマの列は思いの外、長くない。この道の交通量はこんなものなのだろうか。

しばらくするとレッカー車が到着した。横転しているトラックよりも小さいので心もとない。道も狭いし、レッカー作業をするスペースがちゃんととれない。野次馬もいっぱいだ。そのうち軍のクルマも2台駆けつけてきた。

まずは人力で積載されていた椅子とテーブルを荷台から降ろしていく。新品の椅子やテーブルのようだったが、乱暴に山の土手や道端に投げ出されていく。荷台の骨組みも解体。あとは、近くの木にロープを引っ掛け、これを利用してトラックを道の端っこに寄せていく。レッカー車だけでなく、大量の野次馬たちの人力も役立っているようだ。あれよあれよという間に、クルマ1台が通れる幅の道が確保された。

11時半には、下からあがって来ていた車がバスの横を通り過ぎていく。思っていたより、はやい復旧だ。こんなことはここでは日常茶飯事なのかもしれない。11時45分、僕たちのバスも事故現場を無事通過。渋滞の中で一日過ごす覚悟をしていたので、ホッと胸をなでおろす。

12時45分、アストーレ渓谷を抜け、カラコルムハイウェイに突入。ここからは広くてきちんとした舗装道路である。分岐点で、シェフチームとお別れ。シェフチームはフンザ方面へと向かう別の道に進むのだ。

ここでは大きな感謝の気持ちをチップに託し、女性陣から心をこめて二人に手渡してもらう。チーフシェフはメル・ギブソンに似たイケメン。アシスタントシェフもシャイで心優しい少年だった。食生活が充実すると旅の満足度は格段にアップする。ありがとう！

さて、ここからチラスまでカラコルムハイウェイはインダス川沿いを走る。道路状況がいいのでスピードを出すクルマも多い。相変わらず、装飾過多のデコトラや屋根にたくさんの人を乗せたクルマとすれ違う。小学生くらいの子どもが窓から大きく身を乗り出している（いわゆる箱乗り）が猛スピードで僕たちのバスを追い抜いていく。

ランチはインダス川をのぞむ展望レストラン。「日本人向けに味をマイルドにしたカレーではなく、現地の人が食べる辛さにして」と頼んだら、僕にとってはちょうどいい辛さのカレーが出てきた。マイルドなカレーもいいけど、ときには刺激もほしい。

ナンガパルバットはギルギット・バルティスタン州の最南端ディアミール県の象徴である。ナンガパルバットはこのあたりの言語（シナ語）ではディアミールと呼ばれるのだ。今日の目的地チラスも、フェアリーメドウもアストーレもチョリットも、みんなディアミール県内である。

チラス周辺は、カラコルムハイウェイ沿いではもっとも乾燥したエリア。山岳砂漠の真っただ中である。インダス川沿いの道はほぼシルクロードと重なっており、このあたりの岩場には無数の壁画、ペトログリフが残されている。チラスの岩絵もその中の一つだ。

岩絵が描かれた時代は先史時代から10世紀頃までと長きにわたる。描いたのは、シルクロードの沿道に目印を残しておきたい商人、宗教家、遊牧民、兵隊たちだったと考えられている。

先史時代に描かれたのはアイベックスなど、主に動物。紀元後、仏教信仰がさかんになるとストゥーパ（仏塔）や仏像の絵が残されるようになる。9世紀から10世紀になると太陽、戦士などがモチーフとされた。

　僕たちは、このチラスの岩絵を見学するためにバスを降りたのだが、あまりの暑さに頭がクラクラする。わずかな見学時間でその場から立ち去ることとなった。山岳砂漠、暑いだけじゃなく風も強烈だったのだ。

　というわけで、バスは16時前にシャングリラホテルに到着。中庭の芝生はよく手入れされているし、目の前にインダス川がとうとうと流れていて眺めもいい。チラス一の高級ホテルらしい。ところが、強風のせいで停電中、充電もできないしＷｉ－Ｆｉも繋がらない。仕方ないので、そこいらを散歩していたら、砂ぼこりで目をやられてしまった。涙がとまらない。

　それでも、さすが高級ホテル。夕食時までに停電は解消されたし、食事は豪華。なんと部屋にはクーラーまでついている。

　このホテルで、この旅はじめて日本人のツアー観光客と遭遇した。こちらのツアー客は山には登らない。純粋なパキスタン観光を楽しむ方々だ。うーん、ここまで来て山に登らないとは、なんとももったいない。

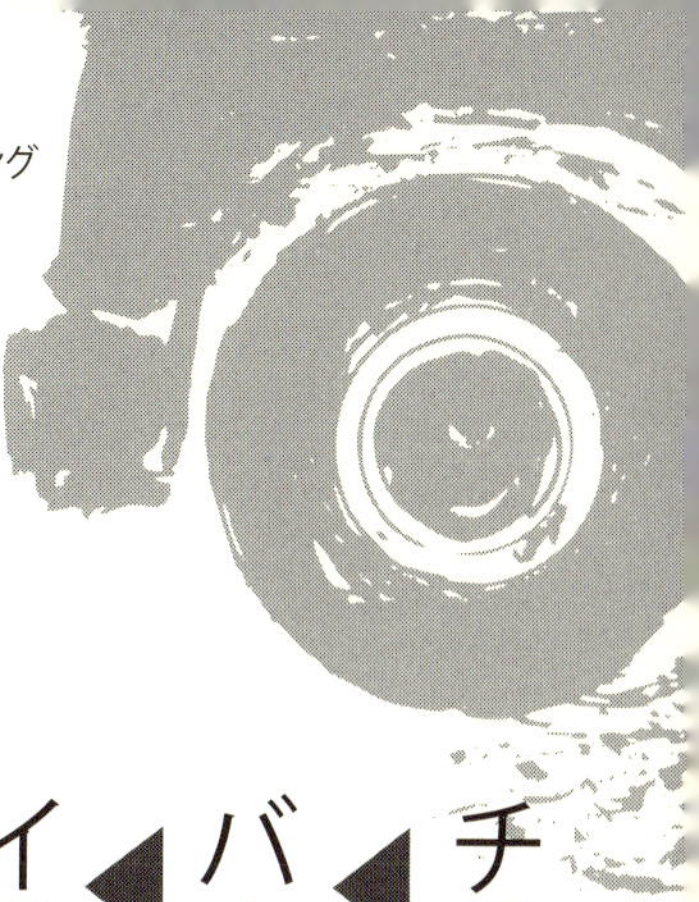

# チラス ◀ バルサール峠 ◀ イスラマバード

## Day 17
6月14日

今日は１日バス移動の日である。旅の２日目、イスラマバードからスカルドゥまで飛行機で移動したのとほぼ同じ距離（約４００キロ）をバスで移動するのだ。覚悟が必要である。

しかも、カラコルムハイウェイは工事中のため、別ルートの迂回路を通る。「え、大変じゃん」なんて思っていたら、この迂回路がよく整備された快適な舗装道路だった。

この道は、標高４１７０メートルのバルサール峠を越えなければならないため、冬場は閉鎖されている。今回は運よく５日前に雪が融けて、開通したばかり。ラッキーだったのだ。

標高1100メートルのチラスからバスはグングンと高度をあげていく。出発してから、わずか50分で3000メートル越え。道路沿いには荷台に雪を積み込もうとしている軽トラックが何台か駐車している。この雪をチラスまで持ち帰って1キロ40ルピー程度で売るのだそうだ。熱風吹き荒れる気温40度越えのチラスでは、冷たい氷は大人気間違いなしだろう。雪壁に穴をあけ棚をつくり、天然冷蔵庫でソフトドリンクを売っている子どもたちもいる。たくましい商人魂ではないか。

70分経過したところで、標高は3900メートルを越えた。道路の両側は雪の壁だ。この標高まで、快適なバスに乗って来られるところは世界中探してもなかなかあるものじゃない。これは、確かに得がたい一つの観光資源である。出発80分でついに標高4000メートルを突破。バスはバルサール峠の駐車場に入っていく。

ここはまさに観光地。おそらく世界一の高さにある観覧車にバイキング(食事のスタイルじゃなくて遊園地にある遊具)、かなり長い距離を楽しめるジップラインのコースが3本。レストランに土産物屋。展望だけではない、お楽しみがいっぱいである。灼熱のチラスからわずか90分弱で、これほど涼しい場所に避難できるのだ。人気観光地になるは当然かもしれない。

僕は昨晩からお腹の調子が悪く、朝から少し下痢気味。整腸剤や下痢止めの薬を持ってこなかったことを後悔していたが、事態はそれほど深刻でもない。冷静にトイレに駆け込み、事なきをえた。バスに乗っている間は我慢できる程度の腹痛なのである。

旅も終盤。昨晩からHさんも体調を崩したらしい。休憩中も食事中もずっと横になっていた。幸いなことに今日の行動メニューは移動だけ。ともかく寝ていれば、いつかはイスラマバードに着く。

僕も無事トイレに行けたので気分はすっきり爽やか。世界一の標高にある観覧車を楽しむことにした。料金は5分で500ルピー。ただ、は5分は長すぎる。3～4周したところで飽きてしまった。小さな観覧車なので最高地点に到達したところで見える景色に変化はないのである。

さて、ここからのバス旅がとてつもなく長かった。最初のうちは風光明媚な山の景色を楽しんでいたのだが、観覧車同様正直車窓の景色に大きな変化はない。そもそも峠の標高が4000メートルを越えているのだ。当然、周りに見えるたくさんの山々はどれも4000、5000メートル越えである。で、たいていの山には名前もつけられていない。どの山も富士山より高いのだけれど、このあたりの人たちにとっては特に珍しくもないのである。

養蜂家の巣箱が並んでいる、プール（子ども用スライダー付き）のあるリゾートホテルが点在している、道端でヤシの実を売っている…。車窓からの観察も飽きてきた。

このあたりの町には涼しさを求めてやって来た観光客用のレストランやリゾートホテルがいくつも並んでいる。どれも思いの外ゴージャスだ。休憩で止まったドライブインのトイレも清潔、しかも洋式。お腹を壊している僕とってはありがたい限りだ。

バスはやがて避暑地エリアを抜ける。気温はどんどんあがっていく。ランチをとったレストランは商店街やレストランが立ち並ぶにぎやかな町。ここでこの旅ではじめて、肉の串焼きシシカバブを食す。辛い味付けと甘いラッシーがよく合う。お腹を壊しているというのに、氷入りの冷たいドリンクをごくごく飲んでしまう。でも、うまいものはうまい。ここもトイレは清潔、洋式。なんの問題もない。

このお店で4歳のパキスタン人の女の子に英語で話しかけられる。フンザの小学生が英語を喋るのにも感心したが、この子は未就学。「どうして英語喋れるの?」と訊くと、「毎日うちで英語のアニメやドラマのDVDを観ているから」と答えた。そんなことで英語が喋られるようになるなら、うちの子どもたちにもずっと英語のDVDを与えておけばよかったと猛省する。まあ、そうしたところでうちの子どもたちが英語ベラベラになっていたとは思えないのだが…。

このレストランでゆっくり休んで

（注文した料理が出てくるのにやたら時間がかかったせい）、午後3時ごろ出発。なんと3時間近い休憩。イスラマバードのホテルヒルビューについたのは午後9時過ぎとなった。移動時間は13時間以上にもおよんだ。

参加者は疲れ果て、全員ホテルのレストランで夕食をとるという中、僕はどうしても「うどん」が食べたくなり、アリーをガイドにマリオットホテルの日本食レストランに向かう。タクシーに乗ってイスラマバードの街を走り、夜のにぎわいを見てみたかったのだ。イルミネーションに彩られたマリオットホテルの外観はまるで宮殿のよう。イスラマバード、随一の高級ホテルである。スタッフの身なりも、宮殿の使用人風、警護兵風だ。

このホテルの警備は超厳戒態勢。2008年9月に発生し、54人の犠牲者を出した爆破テロをいまだに引きずっているのだ。この爆破で、ホテルの敷地内に幅20メートル、深さ6メートルのクレーターができたという。

タクシーはホテルの敷地内に入れず、ゲートの前で降りて歩いて入口に向かう。建物への入口は狭く荷物検査も厳重、銃を持った警備員が怖い目をして並んでいる。身の縮むような思いでたどり着いた日本食レストラン、うどんは、残念ながら期待外れ。スープが甘すぎる。これじゃあ、まるで醤油風味の砂糖水ではないか。天ぷらの揚げ具合は悪くなかったので、考え直してほしいのはスープ。日本の市販のスープだしをそのまま使えばもっと美味しくできると思うのだけれど…。

はじめてうどんを食べるというアリーには「これは絶対日本のうどんと違うものだからね。がっかりしないでね」と何度もエクスキューズしておいた。

バスの長旅で疲れ果てていたので、ホテルに帰り熱いシャワーを浴びて、すぐに床につく。

# Day 18&19

6月15日&16日

イスラマバード
▼
タキシラ
▼
イスラマバード
▼
東京

1947年のパキスタン独立時の首都はカラチだった。しかし、カラチは国の南端に位置し、防衛的にはアラビア海に近すぎ、領土紛争を抱えるカシミールからは遠すぎる。

１９５９年、ラワルピンディの北の地に新首都を建設することが決められた。１９６０年に新首都の名称がイスラマバードと定められ、１９６１年に開発が開始。１９６９年に首都としての機能がスタートする。イスラマバード建設中、一時的に首都機能がラワルピンディに置かれていたこともあった。

イスラマバードはどの州にも属さない独立都市である。位置的にはパンジャブ州の北端、ギルギット・バルティスタン州やカイバル・パクトゥンクワ州にも近い。この都市は人工的につくられたもので、やや無機質な感じがしないこともない。

まっすぐに伸びた道路は碁盤の目状に張り巡らされていて、いくつもの長方形の街区に分けられる。整然と建ち並ぶ立派な建物の多くは、政府機関、大統領官邸、各国大使館などである。もちろん、商店、住居用の区画も用意された。

さて、われらのイスラマバード観光は、ホテル近くの散策から始まった。ホテルのすぐそばは大型商業施設も並ぶ商業地域。庶民的なマーケットも覗いてみたいというツアー参加者の要望に応えて住宅街に入っていく。このあたりは高級住宅街のようだ。

そこに突然、小さな雑貨店、食料品店、レストラン、理髪店、ペットサロン、建材屋などが並ぶ広場のような場所があらわれた。僕はお土産に興味がないので、広場のベンチで日向ぼっこ。ここで浮浪者風の男性からバナナを恵んでもらう。

他のメンバーはパキスタン製のお菓子や日常品を買い込んだようだ。この手のものは安くて数が稼げるし、ローカル色も出せるのでお土産には最適である。

住宅街から商業地域に戻って大きな本屋さんに入店。本は僕も大好き。英語版のパキスタンのガイドブックと地図を購入。他のメンバーも地図や写真集を購入したようだ。ここで午前中の予定は終了。一旦ホテルに戻り、午後の観光のためのバスが迎えに来るまでしばしの休憩。僕はアイスクリーム（40ルピー、めちゃ甘い）と炭酸系ソフトドリンクを買い込んで、ホテルでシャワー。生き返る。なにしろ、この街はめっぽう暑いのだ。

ランチはバスに乗ってマクドナルドへ。緑豊かな広大な敷地に建つオシャレな建物だ。山に行って帰って来るとなんだかこういうものが食べたくなる。普段は1年に1度行くかどうかというくらい僕にとっては疎遠な場所である。でも、このときは食べたくなった。他の参加者も思いは同じらしく、希望はほぼ全員一致。

このマクドナルドも警戒厳重。外国資本の商業施設は常に緊張感をもってテロ対策にあたらないといけないのだろう。小銃を持ったしかめっ面の顔の警備員が入口を守っていた。店のマネージャーは英語も完璧、テキパキ働く若い女性である。山間部では商店で働くのも男性、買物にでかけるのも男性というところが多かったが、イスラマバードでは働く女性が珍しくない。やっぱり、こっちの方がいい。

僕たちは13人の団体。一度にたくさんの注文だったので、商品を提供するまでに少々時間がかかった。ここでなんとサービスのソフトドリンクやドーナツが全員分出てきたのだ。時間がかかったことに対するお詫びの気持ちなんだとか。なんたるホスピタリティ。パキスタンにまたまた好印象である。

マクドナルドをあとにして向かったのはタキシラである。タキシラとは「切り出された石の都」の意。紀元前6世紀から紀元後6世紀にわたって栄えたとされる。交通の要衝で、東方からの文化と西方からの文化がここでぶつかって融合した場所である。ガンダーラ美術の重要遺跡、遺品が数多く残されている。

インド北部で生まれたブッダは仏教を広めていくが、ブッタの死後、紀元後2世紀頃までは仏像というようなものはつくられていなかった。ブッダの偉大さはけっして姿カタチにあらわせるものではないと考えられていたようだ。

どこで最初の仏像がつくられたかについては諸説あるが、もっとも有力なのがガンダーラ説である。紀元前4世紀、このガンダーラにギリシャ民族の優秀性を世に広めようとアレキサンダー大王がやってくる。写実性に優れたガンダーラの仏像はギリシャ・ローマの影響を受けたとされているのだ。

タキシラ博物館に到着すると、担当者が昼食休憩中ということでしばらく待つことになった。このあたりには多くの遺跡も点在するのだが、あまりの暑さで誰も遠くまで歩こうとはしない。担当者の帰りを待ってクーラーの効いている博物館に入館。この博物館が意外（失礼！）に興味深かった。ガンダーラの仏像がギリシャ・ローマの影響を受けていることがはっきりとわかるのである。均整のとれたプロポーション、縮れた髪、高い鼻など。山の子どもたちの顔にペルシャを感じるように、仏像から西洋を感じるのだ。ガンダーラの仏像の造作理念はやがて中国に伝わり、最後に日本にやって来ることになった。日本の仏像の原点はガンダーラにあったのである。興味深い展示であった。

再びイスラマバードの市街地に戻り、この街最大の観光ポイント、シャーファサイルモスクを訪問。収容人数はモスクの内部だけで1万５０００人。敷地全体では10万人を収容できるという。ミナール（尖塔）の高さは90メートル。アジア最大級の規模を誇る。アラブ遊牧民のテントを模した三角形の屋根が印象的な建物だ。

全員入口で靴を脱ぎ、裸足で白い大理石の床の上を歩く。あまりに熱いので飛び跳ねるように進む。建物の中に入ることはできず、外から覗くだけの観光になった。

最後の訪問地はパキスタンモニュメント。イスラマバードの街を一望できる展望地に建てられた記念碑だ。記念碑には国父ムハンマド・アリー・ジナー夫妻やパキスタンの代表的な観光地が彫り込まれている。あまりの暑さに何人かのメンバーはバスの中で待機。確かに初夏の昼間の観光は避けるべきなのかもしれない。ともかく暑すぎる

ここから、イスラマバード郊外にあるイッサさん経営のレストランに向かう。最後の食事会である。どこのレストランでもそうだったが、ここでも食べきれない量の食べ物が供された。

何種類かのカレー、ビリヤニ、焼きそばなどが次々とテーブルに並べられる。そして、最後はやっぱり、とびっきりジューシーなマンゴー。お腹をいっぱいにして空港に向かう。

空港でイッサさん、アリーさん、ドライバーさんに、再び女性陣から感謝のチップを渡してもらい、抱き合って別れを惜しむ。

中山さんともここでお別れ。彼はこの後10日間もパキスタンに残り、バルトロ氷河の探索をするという。さすが山旅に特化した旅行会社の社長。研究熱心である。パキスタンの山旅にバルトロ氷河ははずせない。まあ、K２やブロードピーク、ガッシャーブルムを見に行くという行動は、山を愛する中山さんにとっては当然の行動というべきかもしれない。

タイ航空３５０便は22時20分、無事イスラマバード空港を離陸、翌朝６月16日の６時25分にバンコク到着。わずか１時間ほどのトランジットタイムで７時35分発のタイ航空６７６便に乗り込む。成田空港着は同日の15時45分。搭乗中はほぼずっと寝ていた。エコノミーの旅でも、すんなり寝ることができれば快適だ。余ったパキスタンルピーでネックピローを買ったのがよかったのかもしれない。

帰国後、ツアー参加メンバーのＬＩＮＥグループメルに次々と届いたのは、体調不良の報告。

まずはOさん。「帰国した夜までは元気でしたが夜中から急にひどい下痢と嘔吐で今朝ようよう治まりました」

続いてAさん。「帰国した翌朝から激しい下痢とキリキリした腹痛」

3件目はKさん。「僕も昨日から下痢です」

最初にお腹を壊したSさん、中山さんも旅の途中、僕とHさんは旅の終わり頃。なんと参加者11名中7人が下痢に見舞われたことになる。

それでも、思い出すのはパキスタンの雄大な自然、心やさしい人々、感動の毎日である。この旅、僕にとって「一生の宝物」の一つになったことは間違いない。

生きていてよかった。本当によかった。

ナン、ピザ、目玉焼き、ポテト、スープといったあたりのローテーション。味は美味しいのですが、レパートリーが少なすぎて飽きます。これはキャンプに限ったことではなく、パキスタン自体がそんな感じなので、日本食は必須です。

〈気候・シーズン〉パキスタン全域に言えることですが、観光は 3、4 月の杏＆桜シーズンと秋の紅葉シーズンが人気。ただし、それらの時期、山は雪で入れないため、トレッキングは 6、7 月がシーズン。特に 6 月は 1 年で最も降水量が少なく、温暖な気候で、人も少ないのでベスト。登山は 7 月のみ。また、先述のゴンドゴロ峠は 7/15 くらいにしかオープンしないのと、7/20 を過ぎるとモンスーンの影響が強まるため、その間で峠を越える行程がベスト。 今回は 6/23 ～ 6/29で歩きましたが、気温は一番寒いコンコルディアの朝方で－ 10℃。昼は10 ～ 15℃と温暖で歩きやすかったです。前半の天気は不安定で午後になると雨が降って来ましたが、後半は天気の流れが変わり、毎日晴れ。

〈結論〉バルトロ氷河は、世界のトレッキングルートの中でもかなり難易度が高い部類なので、誰にでも勧められるルートではありません。「世界に14座しかない 8000m 峰の密集地」という魅力では、エベレスト方面（特にゴーキョ）の方が上で行程も楽です。
一方、トランゴ、ムスターグ、マッシャーブルム、レラピーク（ライラピーク）、ミトラピークといった山は、世界トップクラスのアルパインクライマーがその美しい姿、圧倒的な壁に惹かれて登った山々です。そういった山＆壁の名前を聞いてグッとくる方や、有名な山よりも美しく急峻な岩塔に惹かれる方には強くお勧めします。あとは、K2の雄々しい姿は人を寄せ付けない迫力と魅力に溢れており、私のようK2大好き人間は来るしかありません。その場合はコンコルディアではなく、K2BC に泊まるべきです。 最後に、せっかくバルトロを歩くならゴンドゴロ峠を越えて周回しましょう。K2、ブロードピーク、G1、2、レラピーク、マッシャーブルムが見渡せる絶景ポイントですし、フーシェ方面の別の展望地を訪れることも出来ます。なにより、バルトロ前半に続く灼熱のロングトレイルをピストンするのは苦痛です。 今回は、ゴンドゴロ峠がオープンしておらず越えることが出来なかったのですが、次回は必ず越えたいと思います。 一緒にバルトロを歩きたい方、K2、ブロードピーク、ガッシャーブルムに登りたい方はお声がけください！

## バルトロ氷河 コンコルディア&K2BC

以下は僕たちの帰国後、7日間をかけてバルトロ氷河を回った中山さんからの山旅報告。中山さんが「ワンダーズアドベンチャー」のフェイスブックのアップされていた原稿、許可をいただき転載させていただいた。

スカルドゥ発着7日間で K2の展望地コンコルディアとベースキャンプを往復して来ました。
〈概要〉コンコルディアとは、8000m 峰で最難関と言われる K2（8,611m、世界第2位）をボトムからトップまで見ることが出来る展望地。 また、コンコルディアは K2、ガッシャーブルムⅠ（8,080m、世界第 11 位）、ガッシャーブルムⅡ（8,035m、世界第 13 位）、ブロードピーク（8,051m、世界第 12 位）のベースキャンプに続くジャクションポイントになっていることから、世界で最も高山に囲まれたエリアの一つです。

〈景色〉超カッコいい K2 がボトム〜ピークまで見える点が◎。コンコルディアがベストと言う人が多いが、ブロードピーク BC や K2BC の方がK2に近く、より迫力が感じられて好きだった。通常のツアーペースではさらに日数がかかるので厳しいかも…。 個人的にはトランゴタワーやムスターグタワーといった、名だたる世界のクライマーが魅せられた岩塔群の景色が最高。 また、コンコルディアはガッシャーブルムが見られると言っても G4、G7 などが見えるだけで肝心の G1&G2 が見えないので、ロープ、冬靴、アイゼンを持ってゴンドゴロ峠を越えた方が間違いなく景色が良い。来年、ツアーを企画するならゴンドゴロ峠周回ですねぇ。

〈難易度〉難易度は割と上級者向け。ルート前半はアップダウンは少なく、20km 弱を30度以上の強い日差しを浴びながら歩きます。水と日傘が必須。 ポーターが荷物を持ってくれるので、歩く時は 5、6 キロの荷物で歩けます。 後半は氷河続きのため、ガレのアップダウン、浮石だらけの岩場歩き、渡渉、クレバスが続くので、穂高のザイテンといったノーマルルートで苦戦する方は苦労しそうです。さらに、ゴンドゴロ峠はフィックスロープが張られるような場所なので最低限のロープ技術も必要です。

〈滞在環境〉K2BC は一般的に15日間程度のテント泊。キャンプ地ではダイニングもトイレもあり、個人テントも全てポーターが設営し、食事はコックが作ってくれるので結構快適ですが、テントに慣れていないと大変かもしれません。 食事は、チャーハン、焼きそば、カレー、

## 参考文献

「草原の椅子」宮本輝著（新潮文庫）
「白きたおやかな峰」北杜夫著（河出文庫）
「ヒマラヤの高峰」深田久弥著（ヤマケイ文庫）
「What's Next?　終わりなき未踏への挑戦」平出和也著（山と渓谷社）
「八〇〇〇メートルの上と下」ヘルマン・ブール著、横川文雄訳（あかね書房）
「生きた、還った8000メートル峰14座完登」ラインホルト・メスナー著（東京新聞出版局）
「山は輝いていた　登る表現者たち13人の断章」神永幹雄編（新潮文庫）
「鎮魂のカラコルム」石川信義著（岩波書店）
「カラコルムからカシミールへ」ハロルド・W・ティルマン著、薬師義美訳（白水社）
「パキスタンでテロに遭いました」野上あいこ（彩図社）
「地球の歩き方パキスタン2007～2008年版」（ダイヤモンド社）
「南アジアを知る事典」（平凡社）
「現代ヒマラヤ登攀史」池田常道著（ヤマケイ新書）
「知らざれる素顔のパキスタン」氏原やすたか、波勝一廣著（共栄書房）
「もっと知りたいパキスタン」小西正捷編（弘文堂）
「パキスタンを知るための60章」広瀬崇子、山根聡、小田尚也編著（明石書店）
「ヒマラヤ極地　カラコルム発」藤田弘基著（講談社）
「カラコルム　ヒマラヤ大星夜」藤田弘着基著（講談社）
「地球温暖化図鑑」布村明彦、松尾一郎、垣内ユカ里著（文溪堂）
「極限世界の生き物図鑑」長沼毅監修（PHP研究所）
「カラコルム水物語」井上重治著（遊人工房）
「氷河地形学」岩田修二著（東京大学出版会）
「生きている氷河」ワイラー・エイズ著、掛川恭子訳、斉藤信男画（福音館書店）
「こどもの科学絵本②科学への探検 大氷河の時代」クリストファー・メイナード著、樽谷佳江訳（佑学社
「気候革命」（毎日新聞2024年8月12日朝刊）

## ワンダーアドベンチャーズ

株式会社ワンダーズアドベンチャーは、「世界の絶景を通じて、一生の思い出をつくる」を理念とし、ヒマラヤを中心に8,000m峰の登山隊、6,000m峰のプライベート登山、トレッキングツアーのプロデュースを行う旅行会社。現地に精通したガイドが顧客の体力や要望に応じて最適な提案を行うプランニング力、登頂に向けてのトレーニングや渡航準備の手厚いサポート、中間マージンや販促費を抑えることによる高品質・低価格が特徴。

代表の中山岳史（３９）は１年のうち３～４ヶ月をヒマラヤで過ごし、エベレストやマナスルなどの8,000m峰を中心に登山隊の運営サポートを行なう傍ら、日本人が歩くことの少ないマイナールート開拓や山岳写真の撮影を行なっている。2018年エベレスト登頂。

会社ホームページ：https://wonders-adventure.com

## 柳谷杞一郎

編集者・写真家。1957年広島生まれ。
修道学園中・高等部、慶応義塾大学卒業。
写真集に「RAPA NUI」（エスクァイア・マガジン・ジャパン）、
「X」（ぶんか社）
著書に「65歳からのエベレスト街道トレッキング」
「写真でわかる謎への旅・イースター島」、
「写真でわかる謎への旅・マチュピチュ」、
「星の辞典」、「進化するモチベーション戦略」（雷鳥社）、
「大事なことはみんなリクルートから教わった」
（ソフトバンク文庫）など。

Day ヘルリヒコッファーBCテント内、
ボードゲーム「チェッカー」が始まる。

パキスタンの山旅を愉しむ
フンザ&ナンガパルバット&カラコルムハイウェイ
2024年11月26日　初版第1刷発行

文・写真　柳谷杞一郎
デザイン　木村久夫
イラスト　森重雅之／木村久夫
マップ作成　森重雅之
協力　中山岳史(写真提供:P56-61)
組版　BEAM'S 高田幸子

発行者　安在美佐緒
発行所　雷鳥社
〒167-0043
東京都杉並区上荻2-4-12
TEL:03-5303-9766
FAX:03-5303-9567
HP:http://www.raichosha.co.jp
E-mail:info@raichosha.co.jp
郵便振替　00110-9-7086
印刷・製本　シナノ印刷株式会社


ISBN978-4-8441-3810-5 C0026